苏 真 编著

作者的话

一个深深陶醉于中国文字之美的人，曾许下心愿，要将这份对文字的诚挚之爱传递出去。《有故事的汉字》就是一颗经由美好心愿孕育出来的种子，希望这颗种子可以传播出去，在小读者的心中生根发芽。

写给小朋友的话

你知道在文字发明以前，古人是怎样传递信息的吗？

在很久以前，人们曾经用在绳子上打结的方法来记录事情。比如说：甲村落跟乙村落订下契约，一年后乙村落要送五只羊给甲村落，双方就各拿一段一样长的绳子，在绳子上相同的地方打上五个同样大小的结，等时间到了，双方再拿绳子共同回忆这些绳结表示的意思。

不过这样很不保险，因为所有的事情都用绳结来记，虽然绳结有大有小，打结的地方也不一样，可日子久了，也很难保证每段绳结代表的意思都记得准确无误。

另外，人们还用画画的方式来传递信息，可是这也不是一个很好的方法，因为一幅画要用较大的空间、花很长的时间来画，而且也不是每个人都很会画画，万一想画老虎，画出来的却变成猫，反而把信息传递错了！

幸好，人类还是很聪明的，他们发明了简笔画，就是把物体的样子画一个大概，使别人能够知道是什么意思就可以了。

可是大家的简笔画却画得不太一样。以太阳来说吧，有人喜欢画一个圆圈，有人在圆圈里加上一点，还有人不

但在圆圈里加一点，圆圈周围还要画上万丈光芒，这可怎么办才好呢？

别急！当碰到众人意见不同时，总该有人出来统一，那个人呢，相传就是黄帝的史官，名叫仓颉。

后代子孙根据仓颉统一的这些汉字，发现了汉字的创造规则，并将汉字分为象形字、指事字、会意字和形声字等。

象形字，就是按照物体的样子来画。像“木”这个字，最初画的是一棵叶子掉光，只剩树干的树——“”。

指事字呢，就是要指出这个物体的重点所在。例如刀刃的“刃”字（），是在一把刀上加一点，那一点就是要特别指出这把刀的刀刃很锋利！

会意字又是什么呢？就是你看了这个字，然后脑袋中想一下就可以知道它表示什么意思。例如，“休息”的“休”字（），画的就是一个人（）靠在一棵大树（）下休息，是不是很容易理解呢？

最后说到形声字。你听说过“有边读边，没边读中间”的说法吧？汉字有百分之九十是形声字，形声字一部分是形旁，表示它的意义；一部分是声旁，表示它的读音。例如，唱歌的“唱”字，唱歌是用嘴巴唱的，所以就有了“口”作为形旁，旁边的“昌”是不是跟“唱”的发音很相近呢？

你开始觉得汉字有趣了吧？那就让我们翻开这本书，来了解更多的关于汉字的奥秘吧！

contents 目录

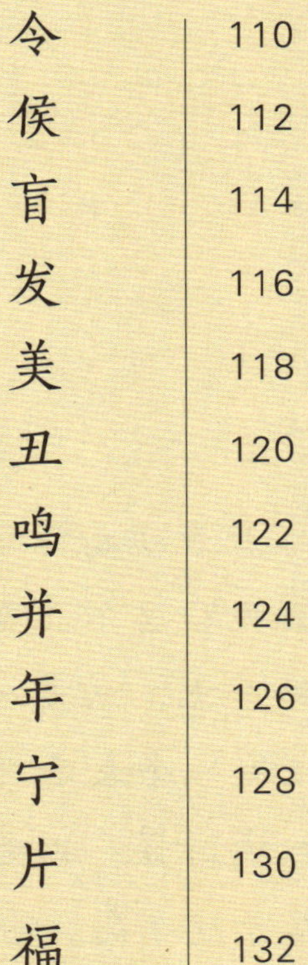

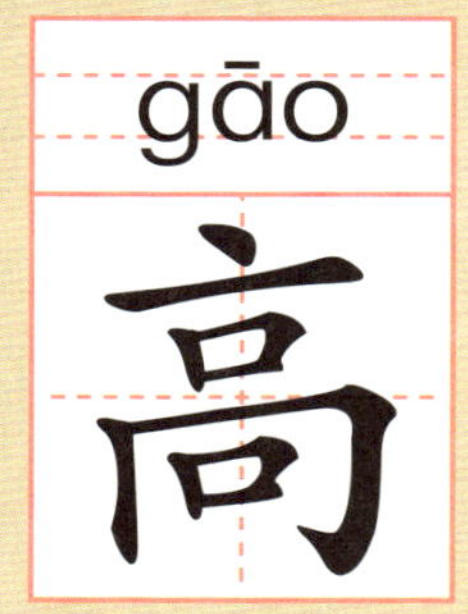

看看“高”字的甲骨文“”，你觉得它像什么呢？这不正是古代城楼的样子吗？一个高高的台上，立着一座可以眺望远方的亭子，台下还有一个表示门的“口”（），是不是很形象呢？古时候，因为经常发洪水，我们的祖先就把房子建在高高的坡上，人们要抬头才看得到，这便是“高”字的由来。

【字里字外】

古人会在重阳节（九月初九）这天去登山，并称之为“登高”。“独在异乡为异客，每逢佳节倍思亲。遥知兄弟登高处，遍插茱萸少一人。”这就是唐代诗人王维在登高时思念亲人而写下的诗句。

【“高”字的演变过程】

“矮”是“高”的反义词，常常用来形容人的身材很短小。“矮”是由“矢”和“委”组成的，其中“委”在金文里写成“[illegible]”，表现的是一个女奴（[illegible]）手举着一束干枯的禾叶（[illegible]），而“矢”在古时候指的是箭，在“委”的左边加上“矢”，表示枯萎的禾叶被人托起才只有一箭之高，所以这个字很形象地说明了“矮”的含义。

【字里字外】

“人在矮檐下，不得不低头”是一句很常用的俗语，意思是人迫于形势，会放低自己的身份、身价和其他条件，来迎合形势的需要。

【“矮”字的演变过程】

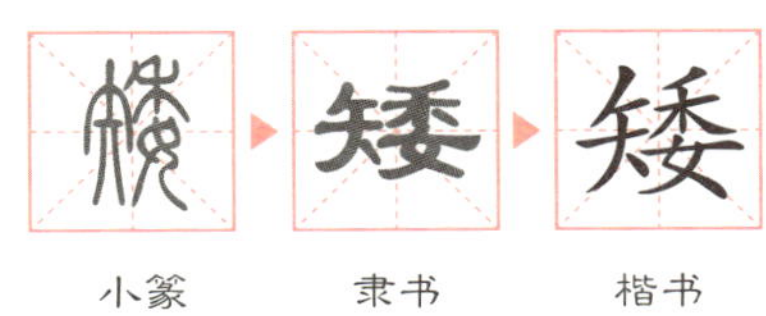

“包”字是一个象形字，它的小篆写作“[illegible]”，“[illegible]”像包裹胎儿的胞衣，而“[illegible]”则像一个蜷缩在肚子里的胎儿。整体上看，“[illegible]”就像一个妇人怀着胎儿的样子。其实，“包”字的本义就是“怀孕”的意思，后来人们从“胎儿包在肚子中”引申出“包围”“围绕”“容纳”等意思。

【字里字外】

相传，诸葛亮在一次征战途中，突然遇到江面狂风大作，他用面团包上肉来祭河神，才得以风平浪静，顺利回朝。后来，这种食品的做法流传下来，它就是我们经常吃的“包子”。

『“包”字的演变过程』

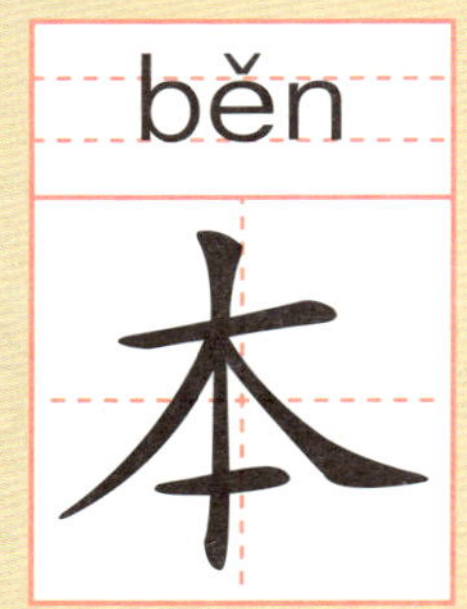

“本”字的甲骨文为“[illegible]”，上部是一棵树（[illegible]），下部的三个小圆圈是指事符号，表示这里是树木的根部所在。金文中，“本”字（[illegible]）下面的小圆圈则变成了三个小黑点。小篆（[illegible]）则将根部的三个点连成了一条线，同样是指事符号，表明根部所在。因此，“本”字是个指事字，指的是树木的根部，后来引申为“根本”“基础”“本源”的意思。

【字里字外】

俗话说：“江山易改，本性难移。”意思是，山河容易发生变化，人的本性却难以改变。每个人都有独特的性格，一般来说，性格一旦形成了就很难改变。

『“本”字的演变过程』

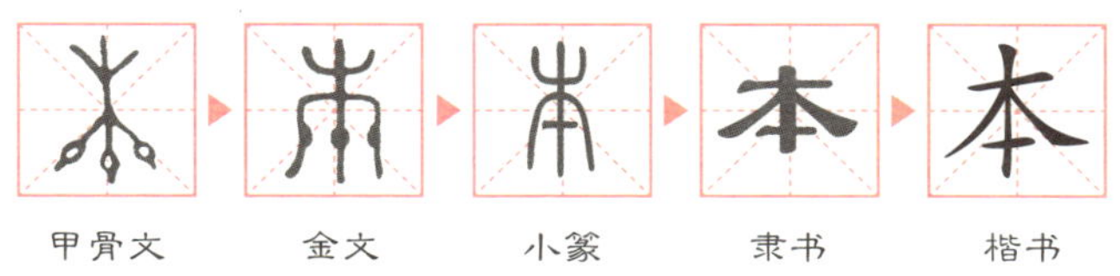

“末”的意思是指东西的梢儿、尽头。“末”字是一个指事字，金文的“末”字（[illegible]）主体部分是一棵树（[illegible]），树的下半部分是树根，上半部分是枝叶。在树干的上部加入一短横，就变成了“[illegible]”（末），强调这是树梢，也就是树的末端。“末”字的小篆形态也是这个意思，只是把上面的短横加长了。

【字里字外】

通过“末”字的来历，你能猜出“本”字的意思吗？其实，“本”是在“木”的下面加一横，表示树的根部，也强调事物最主要的部分。如果分不清楚“本”和“末”的区别，就会出现“本末倒置”的情况。

【“末”字的演变过程】

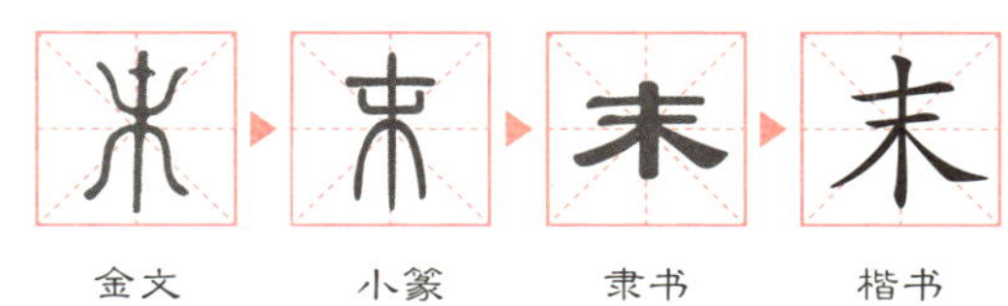

“卜”字的意思就是“占卜”。古时候科学不发达，人们对很多自然现象不了解，因此都十分敬畏自然和天神。他们常把龟甲、兽骨放到火里烧灼，观察它们绽裂开来的裂纹，借此来推测事情的结果和人的吉凶祸福。甲骨文里的“卜”字就是甲骨烧出来的最简单的裂纹，后来人们就用“卜”字来表达占卜的意思。

【字里字外】

古人相信神灵的存在，凡事都要事先请教神灵。在进行占卜之前，古人会事先把要卜问的事刻在龟甲、兽骨上。这些刻有文字的龟甲、兽骨后来被人们所发现，上面的文字就被称为“甲骨文”。

【“卜”字的演变过程】

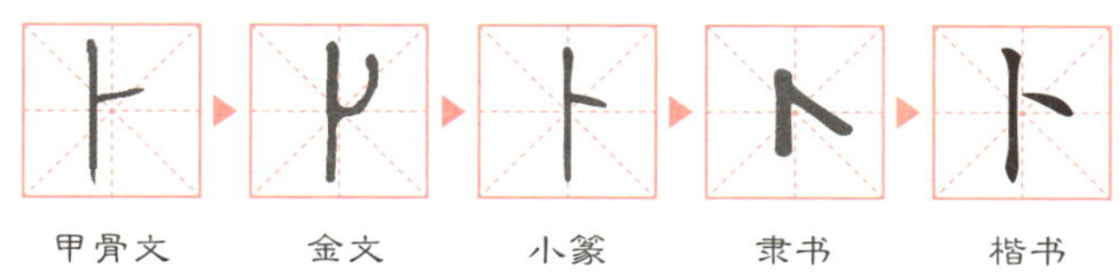

“采”字现在的意思和古代的意思差不多，都可以表示“采摘”。在甲骨文里，“采”写作“”，很形象地表现了古人采摘时的情景。上面有一只手（），下面是树木及果实（），表示用手在树上采摘果实和叶子。金文里把“果实”省略掉了，只留下光秃秃的树干，表示果实已经被采走了。繁体字“採”有提手旁，表示是用手来采摘。

【字里字外】

“采菊东篱下，悠然见南山。”这是东晋田园诗人陶渊明的著名诗句。这首平淡清新、朴素自然的诗句，表现了诗人对理想世界的无限追慕之情。

【“采”字的演变过程】

“长”字的甲骨文写作“[illegible]”，像一位弯着腰、拄着拐杖的老人，由此得知，“长”字的本义是指“老人”“长者”。又因为这位老人有着长长的头发，所以引申出“长度”的意思。演变到小篆后，“老人”手中的拐杖变成了“止”，表示脚，之后又变成“乚”，渐渐形成繁体的“長”。而我们现在所看到的，是经过简化了的“长”字。

【字里字外】

长江是中国最大的河流，长江水总是昼夜不停地奔向大海。所以人们就用“长江后浪推前浪”来形容新的人和事物不断地更新发展。

【“长” 字的演变过程】

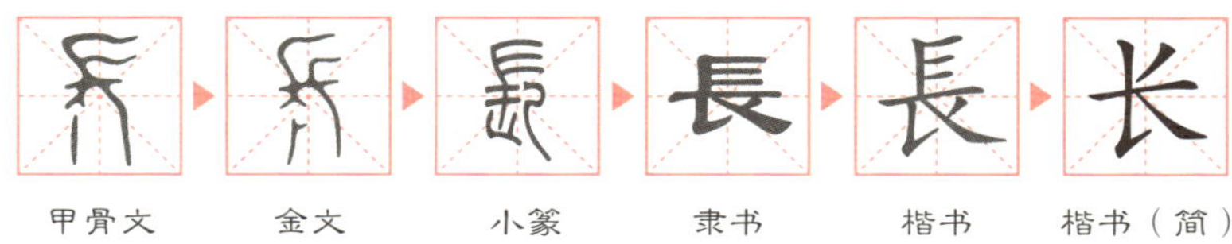

“臣”字是一个象形字，在甲骨文中写作“”，描绘的是一只眼角向上的眼睛。人在低头的时候，眼角就是向上的。在古代，奴隶是不能抬头正眼看主人的，“”的字形就表示了人低着头，俯首屈从的意思。演变到小篆时，“臣”字写作“”，将中间表示黑眼珠的点去掉了，逐渐变成了我们现在看到的“臣”字。

【字里字外】

“臣”字后来常用于表示古代的官吏。成语“臣门如市”指的是臣子家的门口就像集市一样热闹，形容达官权贵之家宾客如云，巴结奉承者很多。

【“臣”字的演变过程】

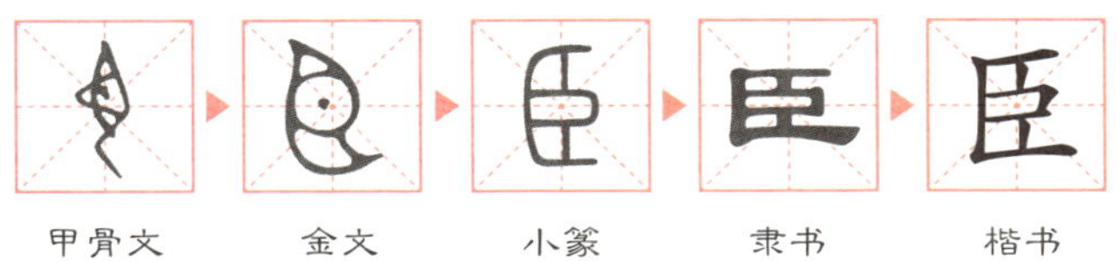

在金文里，“创”字（ ）画的是一个侧面站着的人，双手往前垂，手上和脚上都有一短横，指的是这个人的手脚都受了伤，所以“创”的本义是“创伤”。因为金文的“创”字不容易被人理解，到了秦代时，就被写作“創”，右边加了一个“刀”（ ）字，变成以“倉”字表音、以“ ”字表义的形声字了。

【字里字外】

“创”在读第四声的时候，常表示“创造”“创立”的意思。如成语“创业维艰”指的是创立一番事业是非常困难的；“创家垂统”指的是创立一番事业，传给后代子孙。

【“创”字的演变过程】

人在吹气的时候，嘴唇要合拢成一个圈儿，不然气不能从口里集中吐出来。甲骨文中，“”就形象地描绘了这个动作：左边有一个人（），面向右边，跪坐在地上，合拢嘴唇用力地向一个器皿（）吹气。演变到现在，虽然左边的“人”到了右边，而且变形成了“欠”字，已经没有了之前吹气的形态，但“吹”字的意思一直没有改变。

【字里字外】

牛在古代是一种很重要的牲畜，是家庭财富的象征。有些官员喜欢聚在一起，吹嘘拥有多少头牛，以显示自己的富有。于是后人就把吹嘘说大话叫作“吹牛”。

【“吹”字的演变过程】

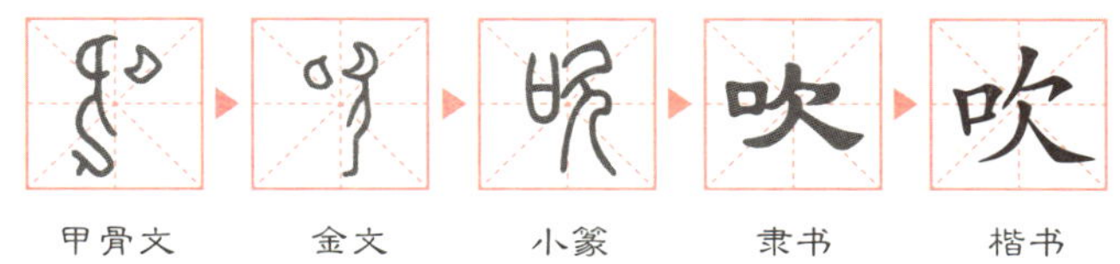

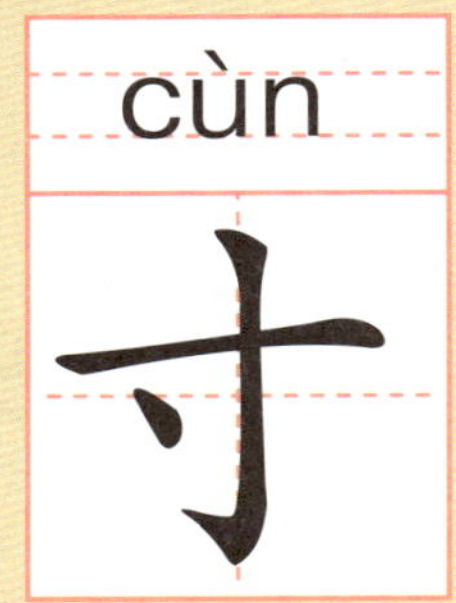

中医在切脉的时候，把离手掌一寸距离的经脉部位称为“寸口”，简称“寸”。在甲骨文和金文中，“寸”分别写作“⺕”和“⺕”，都是一只手的形状。“寸”字的小篆写作“⺕”，在手的下部左侧添了一短横，指手部切脉的地方。在小篆的基础上，文字逐渐变形，变成了我们现在看到的“寸”字。

【字里字外】

“寸”字的本义是“寸口”，因为它含有“距离”的意思，所以引申为一种长度单位。又因为一寸的距离很短，所以还引申出“极短”“极小”的意思，如“寸步”“寸阴”“寸土”。

【“寸”字的演变过程】

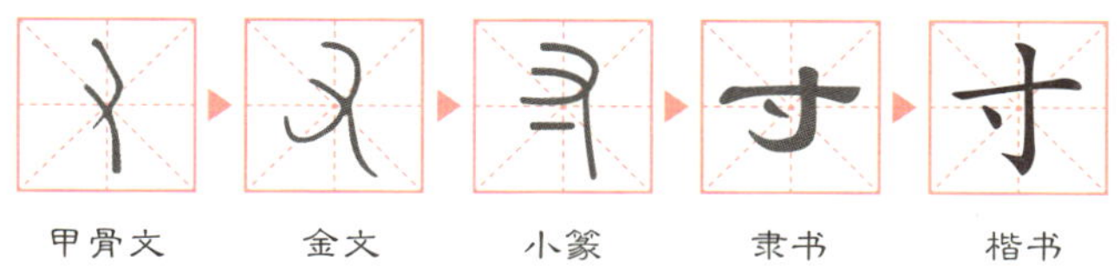

古人认为，在自然万物中，人是最伟大的，是人创造了社会，创造了文明，于是“大”字就形象地表现为一个张开手脚的人，表示“天大地大人也大”的意思。文字发展到汉代的时候，字形发生了变化，人的两手变成了一横，左脚变成了一撇，右脚变成了一捺，最终成为我们现在看到的“大”字。

【字里字外】

成语“大器晚成”比喻能干大事的人才，成就比较晚。历史上，大器晚成的人很多，周朝的国师姜太公，春秋时期的霸主晋文公以及宋朝的大文人苏洵都是大器晚成的人物。

【“大”字的演变过程】

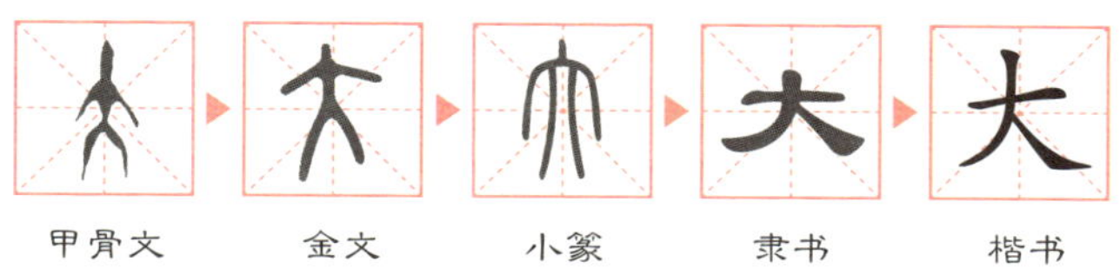

现在交通很发达，宽阔的道路纵横交错。古代的交通比现在要简单得多，金文“道”字中的“彳亍”就简明地表现了当时的道路状况：中间是一条主道，侧面是两条分岔的支道。为了更加准确地表达“道”的意思，人们在“彳亍”的中间加入“首”（𩠐），表示一个人，下面加入“止”，表示人在行走。所以，“道”字的本义是供人行走的大路。

【字里字外】

有的人喜欢传播“小道消息”，其实这样的话通常是没有根据的，如果扩散开了，就会造成不好的影响。所以大家说话要注意实事求是，不可道听途说。

【“道”字的演变过程】

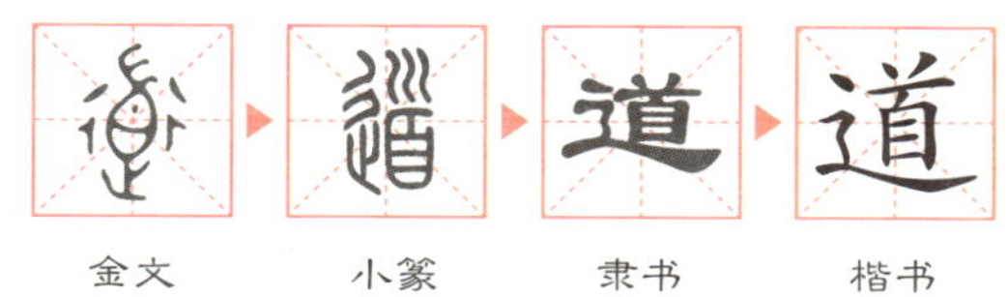

“的”字在现代汉语里多用作助词，而在古汉语里，它是一个名词，读dì，是“箭靶”的意思。在古代，箭靶的靶心是用白天鹅的毛做成的，这种靶被称为“的”。在小篆里，“的”就写作“旳”，即以“日”来表义（表示明亮），这样人们射箭时就可以看到既白亮又清晰的箭靶了。后来，“日”变成了“白”，也就变成了现在的“的”字。

【字里字外】

成语“有的放矢”的意思是对着靶子射箭，比喻目的性强，有针对性。小朋友，只有找准目标，并朝着设定的目标不断努力，你才能成为一个成功的人。

【“的”字的演变过程】

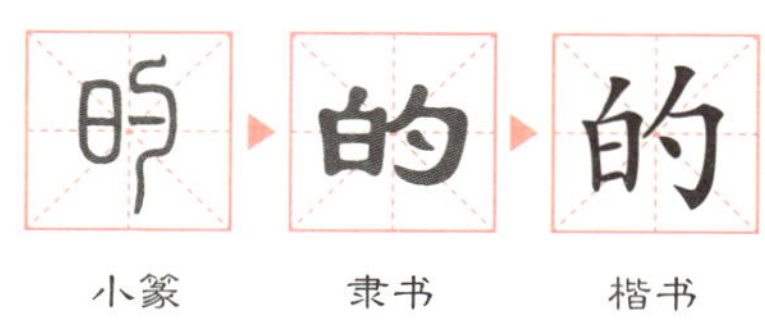

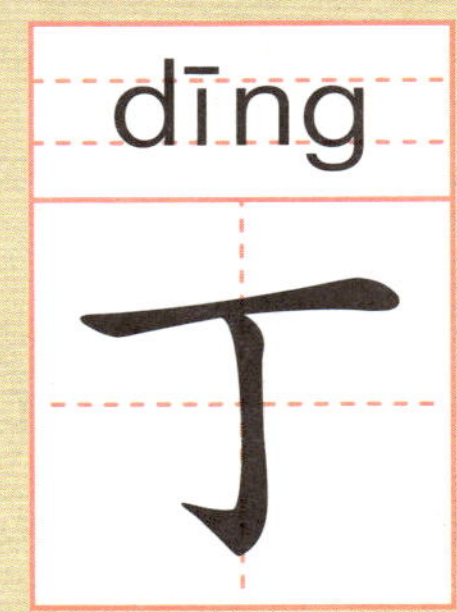

在古汉语里，“丁”和“钉”是同一个字。“丁”字的甲骨文写作“口”，是从上往下俯视的钉子的形状；金文中写作“T”，像钉子的侧面；小篆中写作“个”，上面的部分已不大像钉子头。随着文字的发展，“个”上部的“人”被拉平，也就成了现在的“丁”字。后来，人们把“丁”用作表示天干的第四位，就另外造出了一个以“钅”表义的“钉”字。

【字里字外】

“丁”字只有两笔，是个非常简单的字。成语“目不识丁”指的是连最简单的“丁”字都不认识，形容一个人受过很少的教育或根本没有受过教育。

【“丁”字的演变过程】

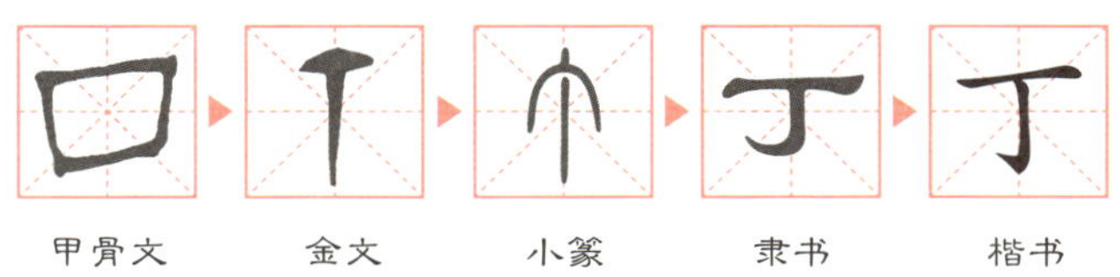

“动”和“童”的金文是一样的，都是“[illegible]”。在古代，“童”指的是被迫为奴、长期服苦役的男性奴隶。因为奴仆整天奔波劳碌为主人服务，手脚不停，一直都要动来动去，所以“动”字最初的字形就是“童”。后来，人们在“童”字旁边加一个“力”字，用来区别“童”字，也表示劳动需要花力气。

【字里字外】

2008 年，第 29 届奥运会在中国北京举行，这是中国历史上第一次举办奥运会。奥运会的全称为“奥林匹克运动会”，它是一种世界性的综合运动会，每四年举行一次。

【“动”字的演变过程】

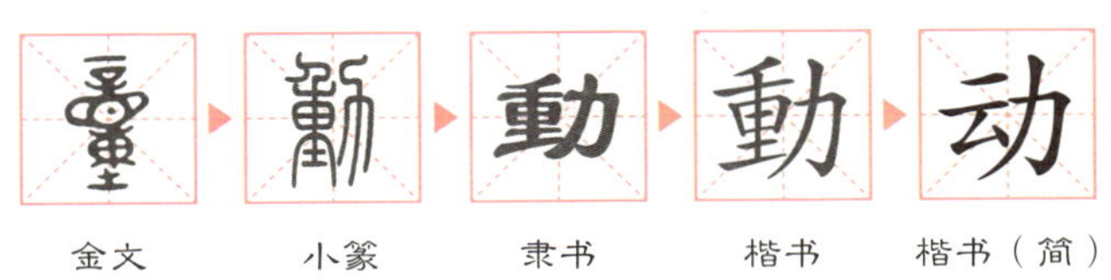

在原始社会里，人们把笔直的长树枝磨尖，用来追捕和刺杀野兽，这种武器后来逐渐演变成了古代常用的兵器——矛。在甲骨文中，“矛”写作“[古文字]”，有锐利的矛锋（↑），长而直的矛杆（丨），矛头下还有一个装饰物矛环（ᑯ）。到了金文的后期，矛锋和矛环已经大变样了，矛杆下还多了一撇，变成了“[古文字]”，已经没有矛的样子了。

【字里字外】

矛是古代人常用的兵器。三国名将张飞使用的武器叫“丈八蛇矛”，矛杆长一丈，矛尖长八寸，刃开双锋，呈游蛇形状，是一件非常有名的兵器。

【“矛”字的演变过程】

盾是古代常用的防御武器，在作战时用来保护身体。甲骨文里，“盾”字是个象形字，写作“申”，中间的竖线表示手执的把手。到了小篆时，文字发生了较大的变化，在盾的形状里面加入了一个“目”，表示盾既可以保护身体，又可以掩蔽眼睛。

【字里字外】

古时候，一个楚国人卖矛又卖盾，他说他的矛无坚不摧，又说他的盾能抵挡一切。于是有人问他：“用你的矛刺你的盾会怎么样呢？”这个人就不知道如何回答了。后来，人们便用“矛盾”来形容行事或言语的前后不统一。

【“盾”字的演变过程】

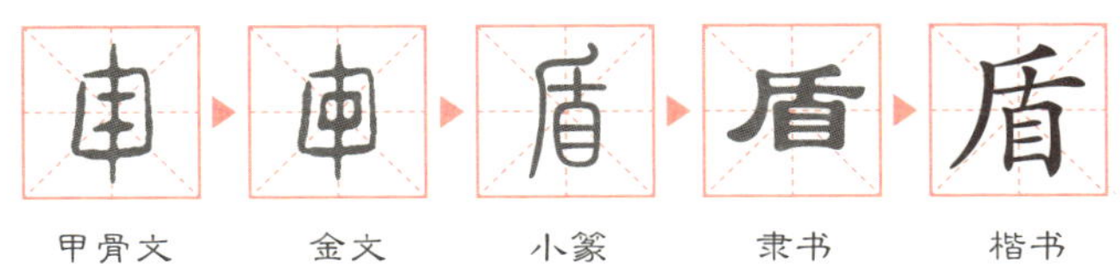

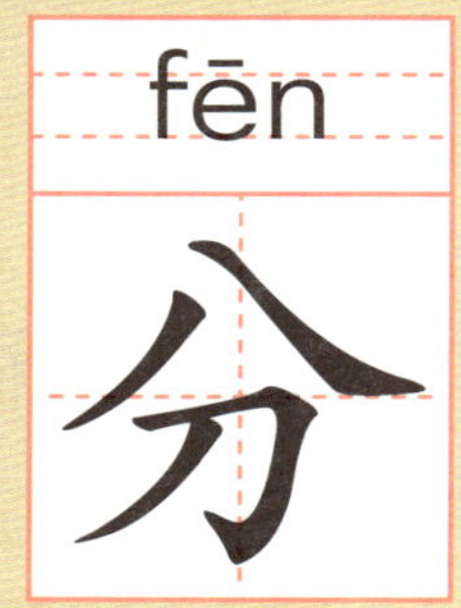

“分”字的本义和现在的意思差不多，都有“分开”“分离”等意思。在甲骨文中，“分”字写作“𠆢”，中间的“丿”指的是刀，“分”（𠆢）就像是用刀（丿）把一样东西从中间切开，分成两片（八）的样子。“分”字有“fēn”“fèn”两个音，用于“本分”“名分”“分量”“情分”等词语时，便应该读作“fèn”了。

【字里字外】

“镳”是放在马嘴里用来套住马的金属棒。成语“分道扬镳”的意思是分开道路，驱马前进。到了现在，也比喻因思想、志趣不同而各人干各人的事情。

【“分”字的演变过程】

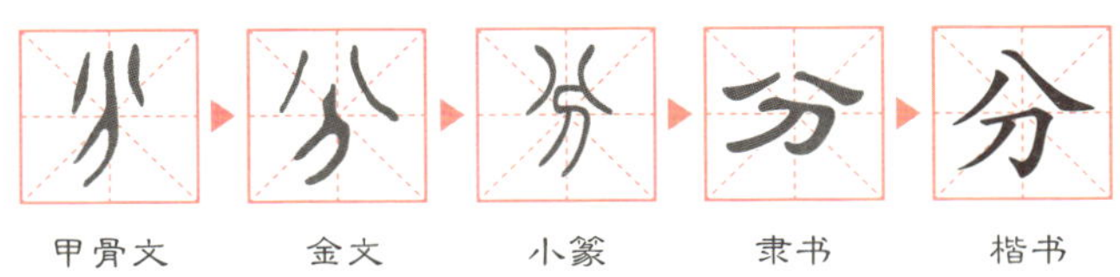

古人用一横表示“1”，用一竖表示“10”。一横一竖，横为数字之开始，竖是数字之终结，数到“十”，又从“一”开始。在甲骨文里，“十”原是一竖（丨）。金文“十”字的竖笔（丨）中间已经加粗，像一个小圆点。小篆（十）中又进一步把这个小圆点变为一横，这和我们今天所看到的“十”字就非常相似了。

【字里字外】

“十年寒窗无人问，一举成名天下闻”，这是古代科举考试的写照。科举考试是古代选拔官吏的主要方式，读书人想要做官，必须通过科举考试。“十年寒窗”指的是读书人闭门苦读的情形。

【“十”字的演变过程】

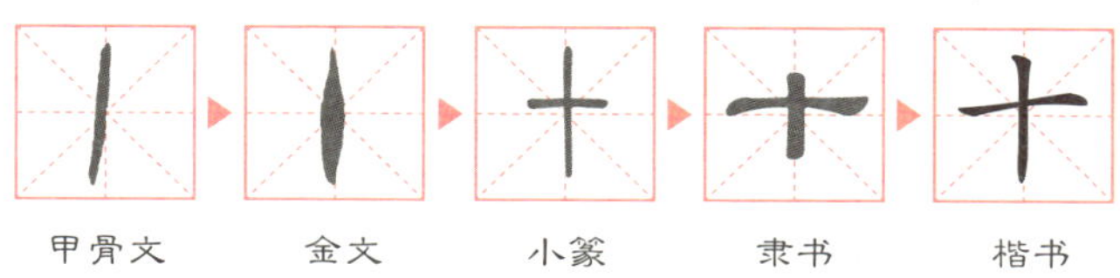

“百”字的甲骨文写作“𦣻”，以“白”字（𠂤）为基础。“白”字本是一个象形字，就像一粒两头尖尖的米粒，米粒身上还有两道线纹。而“𦣻”在这粒米的顶上加一横作为基数符号，以表示“十十”（即 100）之数。“百”字作数词时又写作“佰”。后来“百”字又引申出“所有的”“众多的”等意思。

【字里字外】

古代著名军事家孙子说：“知己知彼，百战不殆。”这是指打仗的时候，如果对敌方和自己的情况都很了解的话，每次战斗都会取得胜利。同时，也告诉我们：无论做什么事情都应该准备充分。

【“百”字的演变过程】

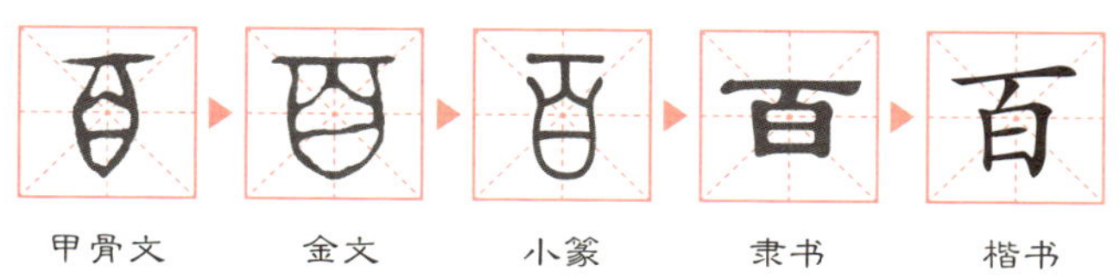

“千”是一个数词。“百”表示“十十”，“千”表示“十百”，这说明我们的祖先很早就有了“十进制”的数学概念。在甲骨文里，“千”字写作“[illegible]”，是在人（[illegible]）的腰上加一横（一）表示“一千”。这是古人的一种指事方法，如：在“[illegible]”上加两横（[illegible]）表示“两千”，加三横（[illegible]）表示“三千”，所以“千”是个指事字。“千”字的本义是“数目众多”。

【字里字外】

古代两军交战，一般情况下，谁的兵马比较多，谁就占有很大的优势，而取胜的机会也就比较大。“千军万马”就是形容兵马众多，也形容声势浩大。

【“千”字的演变过程】

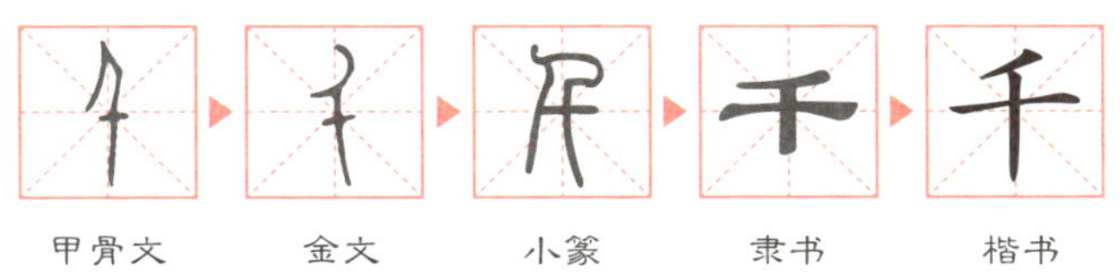

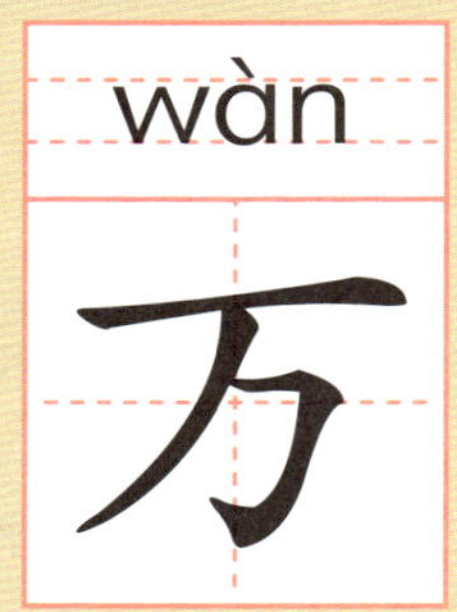

“万”字的本义是“蝎子”。它的甲骨文写作“ ”，就是一只蝎子的形状，上部是蝎子的两个钳子（ ），中间是蝎身（ ），下部是蝎尾（ ）。大约远古时期，中原地带蝎子的数量巨大，因而借蝎子代表巨大数目。金文“万”字（ ）基本上与甲骨文的形状相似。“万”字的小篆写作“ ”，上部仍是蝎子状，下部更加复杂，不像蝎子的身体了。在现代汉语中，“万”表示数量“十个千”，也表示“绝对”“很多”的意思。

【字里字外】

“万里长城”始建于秦始皇时代，是世界七大奇迹之一。现在，它也作为一个成语使用，用来比喻不可逾越的障碍，或表示国家所依赖的栋 梁之才。

【“万”字的演变过程】

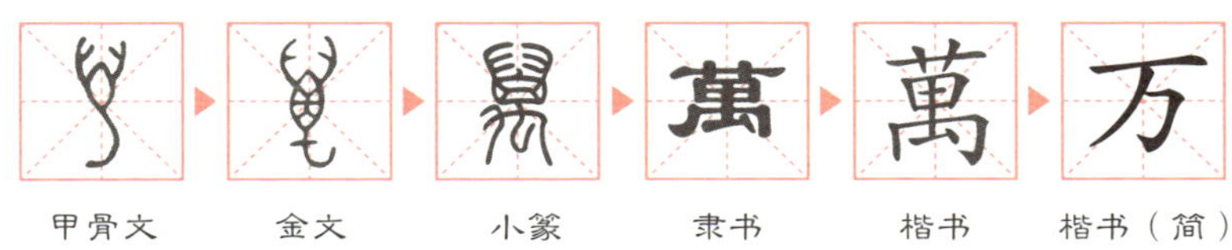

“听”字的甲骨文写作“”，左边的“”像一只耳朵，右边是口（），表示一个人说话，另一个人在张耳听。“听”字的小篆（）比较复杂。其左上方的“”是耳朵，左下方的“”像是一个人站在土堆上，对着上面的耳朵说话；右边的“”是“德”字的古体字，表示有道德的人耳朵也比较灵敏。

【字里字外】

南宋诗人陆游曾写诗道：“夜阑卧听风吹雨，铁马冰河入梦来。”当时金人入侵南宋，陆游因主张对金作战而被罢官回乡，在风雨交加的夜晚，他做梦都想着为保卫国家而战。

【“听”字的演变过程】

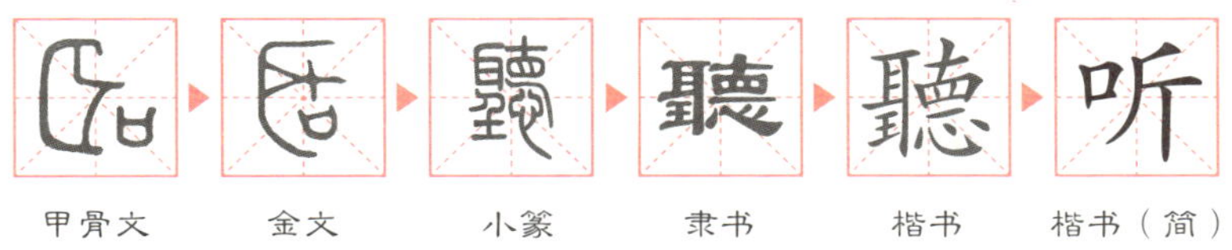

根据古代的礼制，男子到了20岁才算成年，此时，要将他的头发束起来，并且戴上头冠，所以古时候称男子20岁为“弱冠”。甲骨文里，“[illegible]”是个会意字，它的主体部分是“[illegible]”，表示一个四肢张开、精神抖擞的男人。上面一短横是头上戴的冠——因为古人要20岁以后才戴冠，所以“夫”字是指20岁以上的成年男子。

【字里字外】

“一夫当关，万夫莫开。”出自李白的古诗《蜀道难》。有人误以为这句诗是在强调守关的人很厉害，能够以一敌万，其实它是用来形容地势险要，易守难攻。

【“夫”字的演变过程】

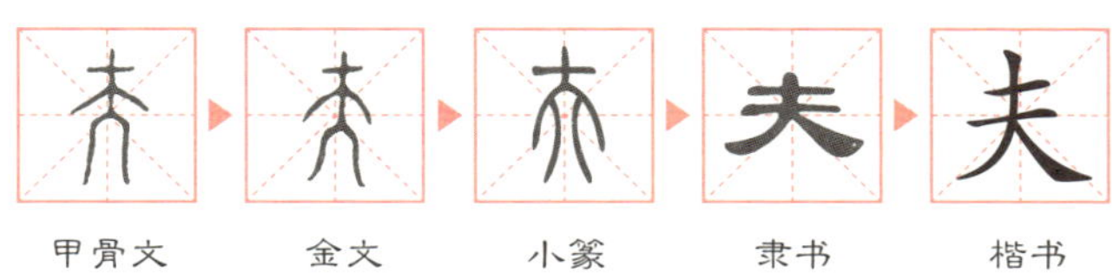

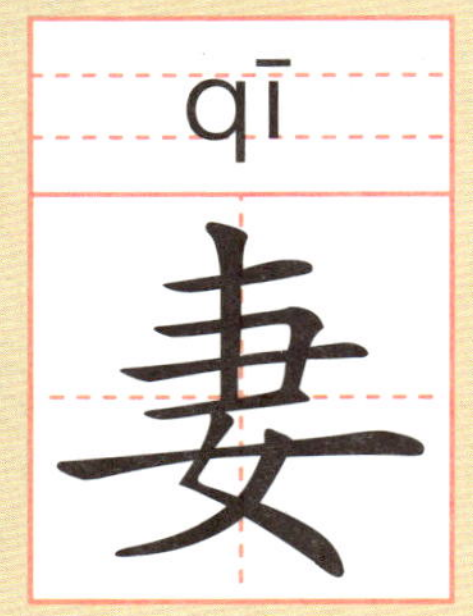

古时候，女子在15岁要举行成人仪式，由家长帮她把头发束起来，并在头发上插入笄（束发用的簪子）。“妻”字的金文（ ）生动地表现了“戴笄”时的情景：“ ”是一支笄的形状，中间的“ ”是一只正在整理笄的手，下面的“ ”则是一个双手交叉、跪在地上的女子。女子戴上笄以后就表示她已经成年，可以成为别人的妻子了。

【字里字外】

古时候有个叫宋弘的人说过：“贫贱之交不可忘，糟糠之妻不下堂。”意思是说不能忘记贫贱时结交的朋友，也不能抛弃原来与自己共患难的妻子。

【"妻"字的演变过程】

“父”字是个会意字。古汉字中，它的几种形态基本相似，甲骨文下面的“㇏”是一只手，左上角的一撇是一个棒槌形的工具，这个棒槌既是对外御敌的武器，又是对内统治的权力象征。所以，“父”是一个家族或者部落当中最孔武有力、最具有权威的人。后来，人类社会以家庭为单位，“父”则用来表示一家之长，才有了“父亲”的意思。

【字里字外】

古时候，每户人家都要派出成年男子服兵役。可是，花木兰的父亲年纪已大，她弟弟还年幼，孝顺的她便代替父亲去从军。后来便有了“花木兰替父从军”的故事。

【“父”字的演变过程】

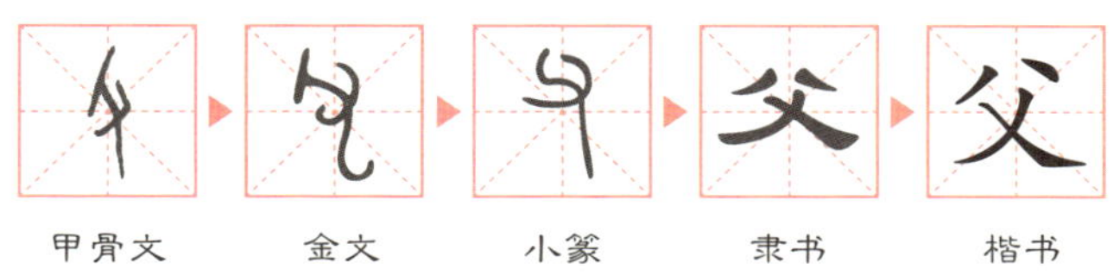

母亲都是女性，所以“母”字的基础形态是“女”。最初的“女”字像一位跪在地上的女子（ ），她头戴发簪，双手交叉放在身前，双腿弯曲跪在地上，整个字表现得非常形象。女子成为母亲之后，需要给孩子哺乳，所以，“母”字在“ ”的基础上加入两点，表示两个乳房，以指代“母亲”。

【字里字外】

“慈母手中线，游子身上衣。”儿子长大成人，要出门游历四方了，临行之前，母亲将儿子的衣服一一缝补好，怕儿子在外面挨冻受苦。那一针一线之间蕴藏着深深的母爱。

【“母”字的演变过程】

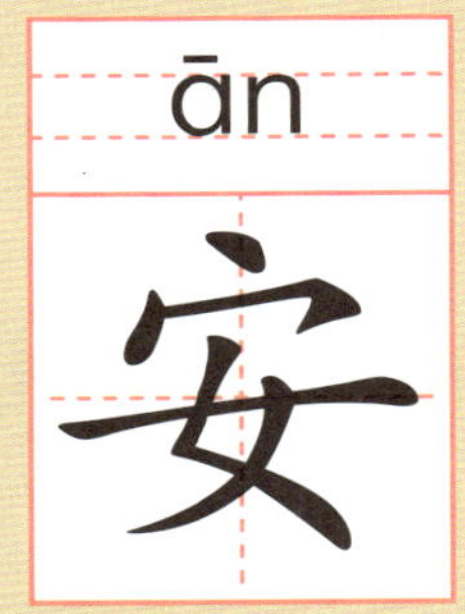

远古时代，野外的毒蛇猛兽很多，人们的生命安全无法得到保障。尤其是娇小柔弱的女子，在野外很危险，而在室内则要相对安全些。从“安”字的甲骨文可以看出，“[illegible]”外面是一座房子（[illegible]），房中坐着一位女子（[illegible]），表示女子在这个房间里很安全的意思。

【字里字外】

“居安思危”的意思是指，处在安定的环境中而能想到可能会出现的危难，这样才会有长远的发展。在唐太宗当政时期，有一个大臣叫魏征，他曾经写过一篇著名的《谏太宗十思书》，告诫唐太宗要居安思危。

【“安”字的演变过程】

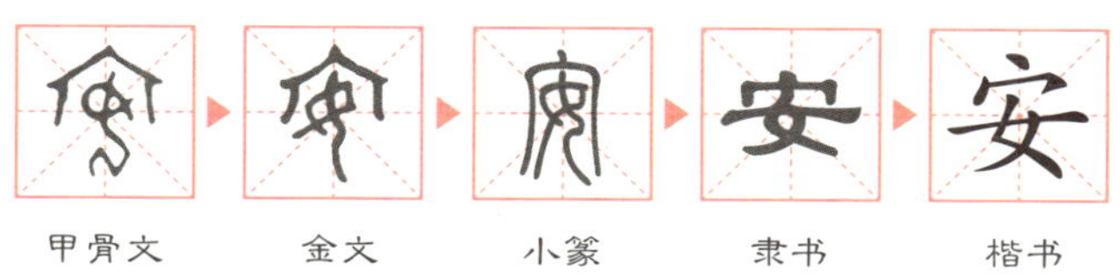

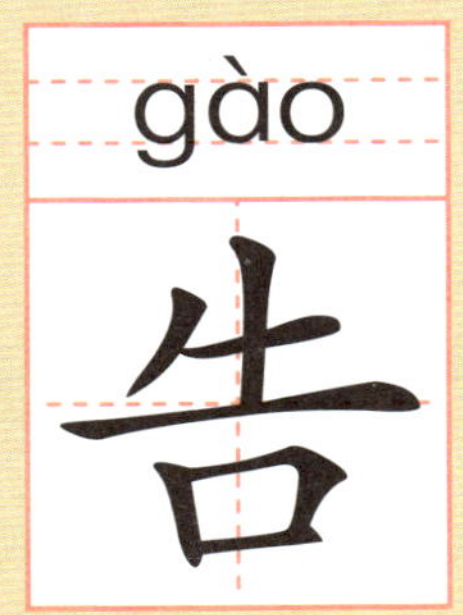

“告”字的本义是“祭告”。它的甲骨文写作“𠱩”，描绘的是古人祭祀的场景。甲骨文上面是“牛”（ψ），指祭祀时的祭品；下面是“口”（ㅂ），指说话。所以，“𠱩”的意思是说，古人祭祀时用口说话，祈求神明保佑，表示“祭告”。后来，表示“祭告”的“告”字又引申出了“告诉”“上报”的意思。

【字里字外】

“死去原知万事空，但悲不见九州同。王师北定中原日，家祭无忘告乃翁。”这首诗是南宋著名的爱国诗人陆游写的，诗歌表达了当时病痛缠身的诗人对于祖国统一的渴望。

【“告”字的演变过程】

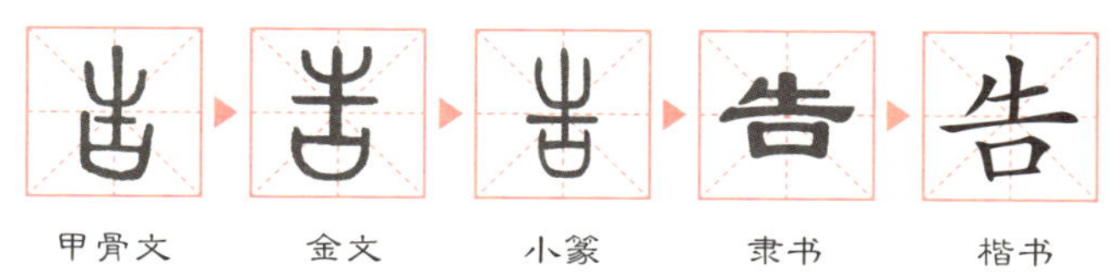

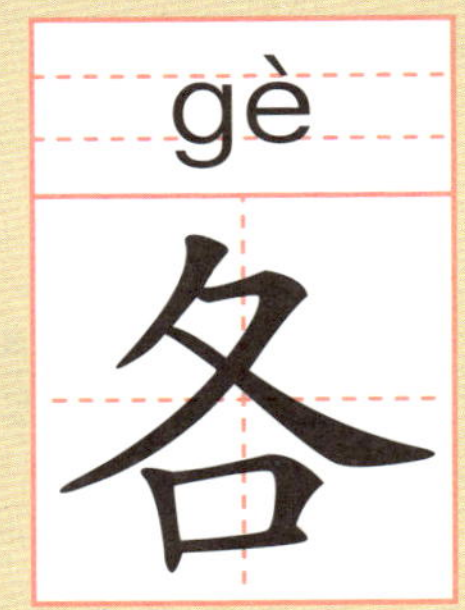

“各”字的甲骨文写作“[illegible]”，上面的“[illegible]”像一只脚跟朝上、脚趾朝下的脚，而下面的“[illegible]”则表示门口的意思。整体来看，脚都走到门口了，表示“至”的意思，所以，“至”就是“各”字的本义。现在，“各”字一般用来作指示代词，指代群体中的不同个体，如“各自”“各位”“各个”等。

【字里字外】

“各尽所能”是指各自把能量全部释放出来，每个人都尽了自己的全力。当大家面对问题或困难的时候，我们就应该各尽所能、齐心协力地去解决。

【“各”字的演变过程】

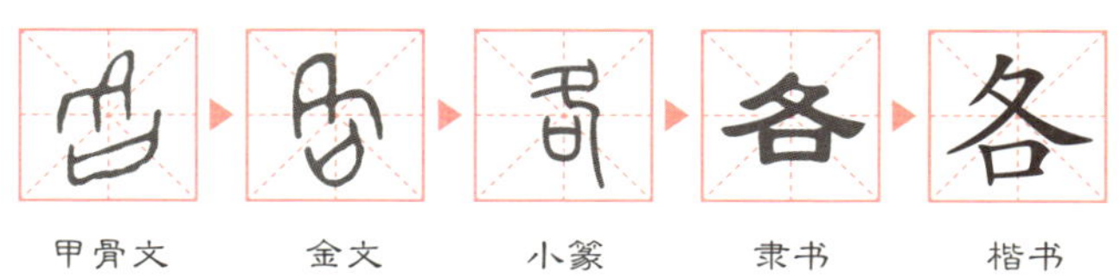

弓是古代用于远攻的武器。“弓”字是一个象形字，在甲骨文中，“弓”很形象地描绘了弓的形状，有弓弦和弓背，顶上还有一根短斜线表示弓梢。在金文里，“弓”已经把弓弦省去，只剩下弯曲的弓背了。后来随着文字的演变，就逐渐看不出弓的本来面目了。

【字里字外】

古时候有个叫杜宣的人,有一次朋友请他去喝酒。朋友家的墙上挂着一张弓，弓的影子映在酒杯里。杜宣以为杯中有蛇，回家后总怀疑自己中了蛇毒，于是生了一场大病。后来人们就用“杯弓蛇影”比喻疑神疑鬼，自己吓唬自己。

【“弓”字的演变过程】

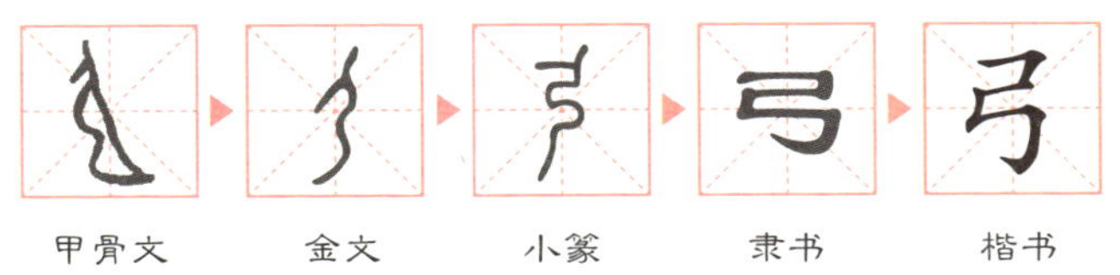

矢就是古代和弓配套使用的武器——箭。在甲骨文中，“矢”字（）上面是菱形的箭头（），中间是箭杆，下面是箭羽和扣上弓弦用来发射的部分（）。在金文里，“矢”字（）箭头部分已经成了三角形的尖刺（），而且在中间加入了一横。“矢”字在古代是个多义字，除了表示“箭”外，还有“发誓”的意思，如“矢口否认”“矢志不渝”等。

【字里字外】

古时候把用木棍儿做的箭杆叫作“矢”，用竹做箭竿的叫作“箭”。因为木制的箭杆不及竹制的好用而被淘汰，后来，“矢”字逐渐被用作构字的偏旁。

【“矢”字的演变过程】

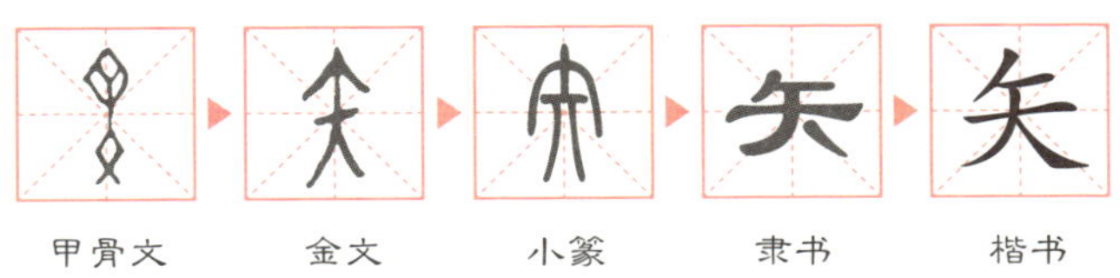

“好”字甲骨文的写法是“”，右边的“”代表妈妈，左边的“”代表婴儿。结合起来，就是妈妈抱着婴儿，这就是最开始的“好”字，所以，“好”的本义是“有婴儿的妇女”。从“好”字的会意形式看，在古代很可能是以多子女的母亲为“好”。到了小篆时期，“”字和“”字转换了位置，逐渐发展成了我们现在看到的“好”字。

【字里字外】

成语“花好月圆”比喻的是美好圆满；“大好河山”比喻的是无限美好的祖国。小朋友，你还知道哪些带“好”字的成语呢？一一列举出来吧！

【“好”字的演变过程】

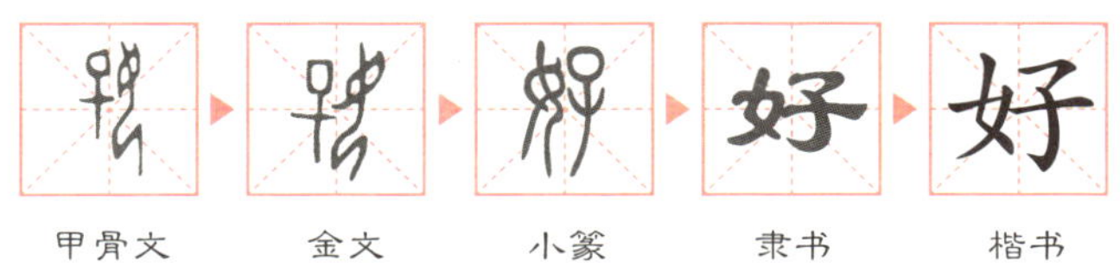

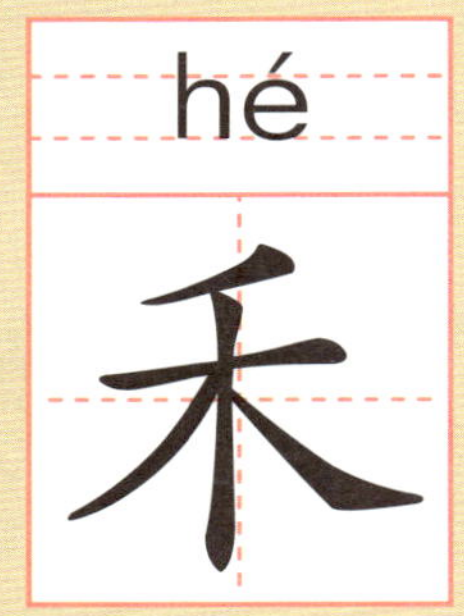

“禾”字是个象形字。它的甲骨文形态就像一棵禾苗（），其上端是垂下来的稻穗，中间是两片叶子，下面还有一把三杈状的根。“禾”字的金文（）则更像一棵成熟的庄稼，上面有沉甸甸的穗子。“禾”字的小篆沿袭了甲骨文和金文的形态，并且直到现在，它的样子也没有多大的变化。

【字里字外】

“锄禾日当午，汗滴禾下土。谁知盘中餐，粒粒皆辛苦。”小朋友们，你们一定读过这首诗吧。我们吃的粮食是农民伯伯用辛勤劳动换来的，很不容易，所以大家一定要珍惜粮食。

【“禾”字的演变过程】

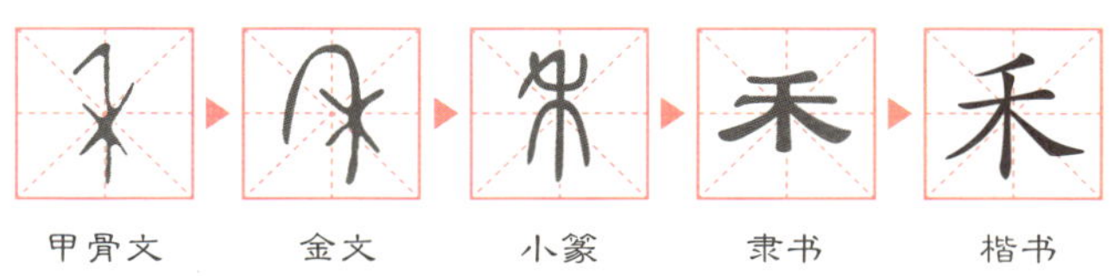

在古代，“麦”字的本义并不是指麦子，而是指“来”。甲骨文“麦”字（[illegible]）上部的“[illegible]”是一株麦子的形象，有根有叶，还垂着麦穗。但古人在下面加入“[illegible]”，表示一个人走到一株麦子跟前，使其具有了“来”的意思。在后来的发展演变中，“[illegible]”舍掉了下半部分的动词意，只用来表示上半部分的麦子。

【字里字外】

麦子是我国北方广泛种植的一种农作物，人们常用“麦秋”来形容麦子成熟的时候。不过，小朋友们可不要望文生义，以为麦子是在秋季成熟。其实，麦子的收割季节是在夏季。

『“麦”字的演变过程』

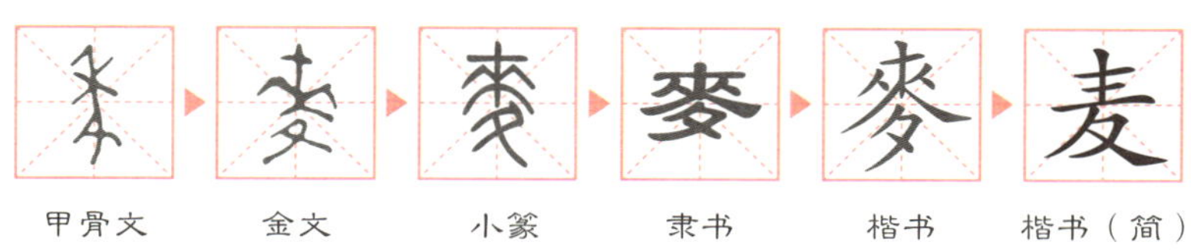

在金文中，“门”字写作“門”，而这个字的一半（卪）其实也是一个字，那就是“户”字。“户”字的本义指的就是“门的一半”，后来这个字的意思被引申为出入口的通称，如门户、窗户等。现在，“户”也用作汉字部首，以“户”作为偏旁的汉字多与门户有关，如房、扉、扇等。

【字里字外】

在封建社会，人们谈婚论嫁的时候，很看重双方的家世背景，讲究“门当户对”。只有双方的社会地位和经济情况相当才适合结亲，这种落后的封建思想在现代社会是不提倡的。

【“户”字的演变过程】

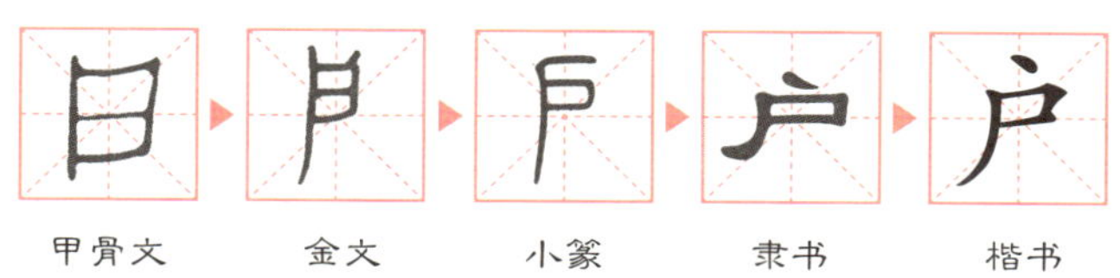

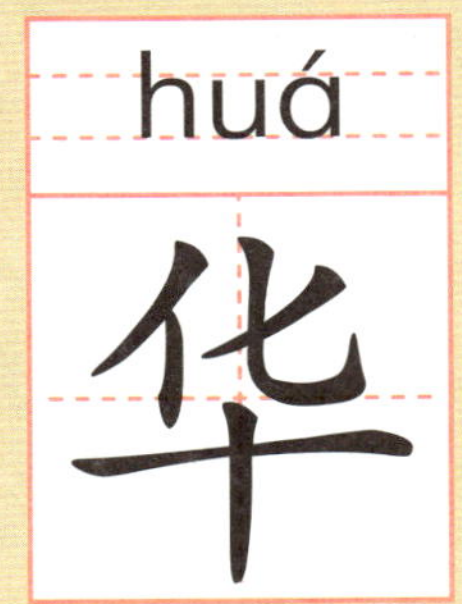

“华”和“花”的甲骨文是同一个字，即“𠌶”。它像一棵枝叶茂盛的树，底下有根，树干上还开满鲜花。这个字表示了一种繁花似锦、生机勃勃的样子。后来，“华”字的词义引申出“繁盛”“富贵”“光彩”等意思。到汉魏时期，人们把表示花草意思的“华”简化成“花”字，而表示其他意思的则用“华”字。

【字里字外】

“华”字代表“花开锦绣，生机盎然”，所以我们的祖先便把我们的民族称为“中华民族”，把我们的祖国称作“华夏”，中国人也被称为“华人”。

【“华”字的演变过程】

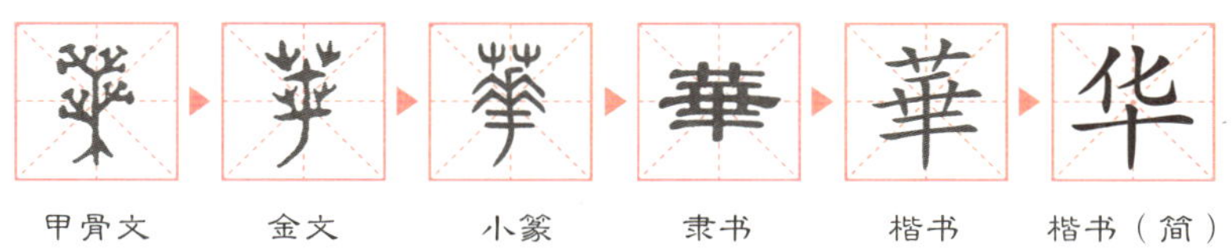

战国至魏晋时期，当时纸还没有被发明出来，人们就削制狭长的竹片或木片，然后把文字写在上面，用以记录，这种竹片称为“简”。“简”字最早出现于金文，是一个形声字，以“竹”表义，以“閒”表音。到了汉朝后，“门”中的“月”字改成了“日”字，其他的结构都没有改变。

【字里字外】

古人采用青色的竹子制作竹简，先用火烤竹片，让它像出汗一样渗出液体，这样的竹简上墨难脱，也可免受虫蛀。然后他们再在竹简上面记载历史文献，因此后世把史册称作“汗青”。

【“简”字的演变过程】

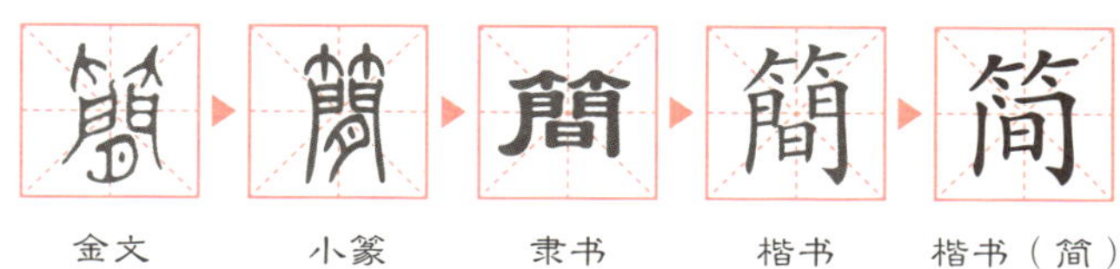

甲骨文的“晶”字（ ）像天上的星星，所以，“晶”字的本义是指“星”。古人用“日”字来表示发出耀眼光芒的太阳，如果三个太阳堆在一起，那一定是非常光亮了。在小篆中，“晶”字就是由三个“日”字组成的，这时，“晶”字的本义不用了，开始表示“光亮”的意思。后来，“晶”字由“光亮”引申为“水晶”，再由“水晶”引申为“晶体”。

【字里字外】

三个“日”组成的字是“晶”，三个“人”组成的字是“众”，三个“木”组成的字是“森”，那三个“金”、三个“水”组成的是什么字呢？又是什么意思呢？

『“晶”字的演变过程』

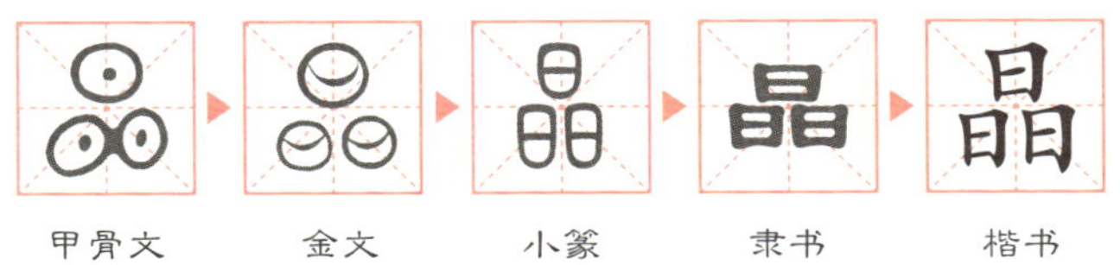

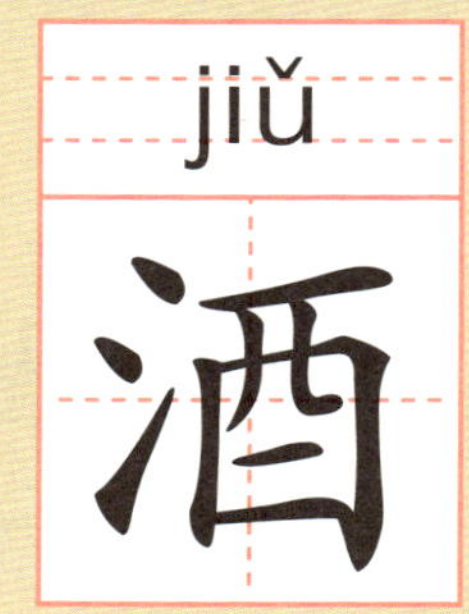

酒是用粮食或水果等发酵制成的含乙醇的饮料。在甲骨文里，“酒”字（ ）右边的“ ”像一个酒坛，左边的“ ”表示酒从酒坛里流出来的样子。金文中的“酒”字（ ）有了新发展，酒坛的形状更加复杂，酒坛上还增添了一些花纹。到了小篆的时候，酒坛的左边加入了水（ ），表示酒是液体。从此以后，“酒”字的字形就基本确定下来了。

【字里字外】

酒的味道香醇可口，常被人们当作吃饭时必不可少的饮料。“酒足饭饱”说的就是喝足了酒，吃饱了饭，形容吃得很尽兴。

【“酒”字的演变过程】

“军”字的意思是“军队”，但在古义里是“包围”的意思。“军”字的金文写作“𠣍”，“車”指的是战车，古代打仗时用它来作战，不打仗时用它来扎营。“勹”有“包”和“围”的意思，表示用战车环绕营房作营垒。小篆“军”字写作“軍”，“包围”的意思更明显了。后来随着文字的发展，上面的部首变成了“冖”，逐渐演变成我们现在看到的“军”字。

【字里字外】

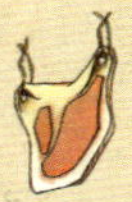

军队向来纪律严明，军令更是不可违抗。“军令如山”就是指军事命令像山一样重，不可动摇，必须坚决、迅速地贯彻执行。

【“军” 字的演变过程】

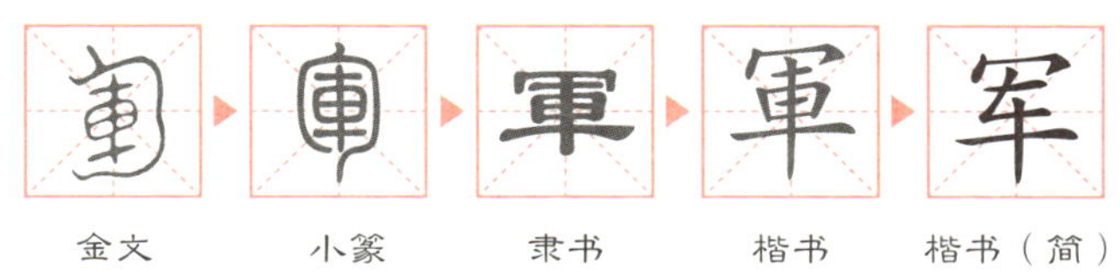

“前”字是一个会意字，表示“前进”的意思，与“后”字相对。在甲骨文中，“前”字写作“[甲骨文]”，它的上部是“[甲骨文]”，描绘的是一只脚趾朝上的脚，下部是一只小船（[甲骨文]），合起来指的是脚站在船上，表示前进。因为前进的方向是朝着正面，所以“前”字又引申为“前面”“正面”的意思。

【字里字外】

《汉书》中说：“前车覆，后车诫。”意思是说，前面的车子翻了，后面的车子应该吸取前面的车子翻车的教训。人们由此归纳为成语“前车之鉴”，用来比喻以前人的失败作为鉴戒。

【“前”字的演变过程】

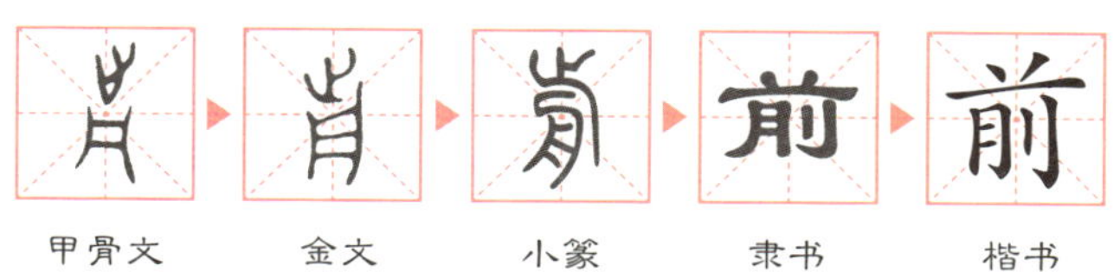

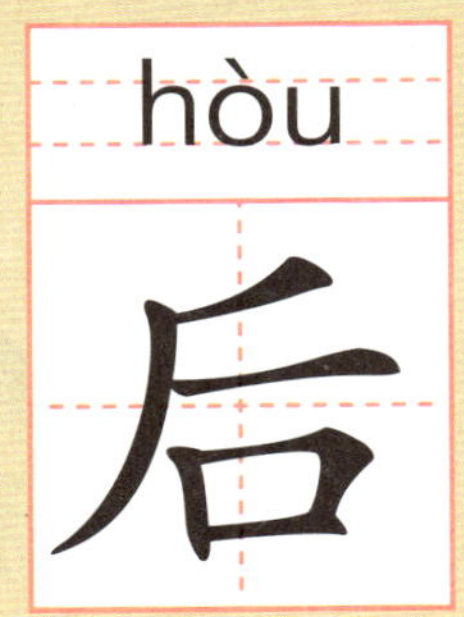

“后”是一个会意字，甲骨文写作“[ancient form]”。它的上部像一根绳索（[ancient form]），下部是一只脚趾朝下的脚（[ancient form]）。脚被绳子系住，所以不能走到前边去。“后”字的金文（[ancient form]）在左边增加了一个表示行走的“[ancient form]”，变成了形声字。“后”的本义为走在后面，专指方位在背面，后来又引申为时间的“迟”“晚”。

【字里字外】

“后生可畏”是说后出生的人是新生力量，有可能超过前人，值得敬畏。孔子曾说：“后生可畏，焉知来者之不如今也！”意思是：后生可畏，谁能说新成长起来的年轻人不如现在的人呢！

【“后”字的演变过程】

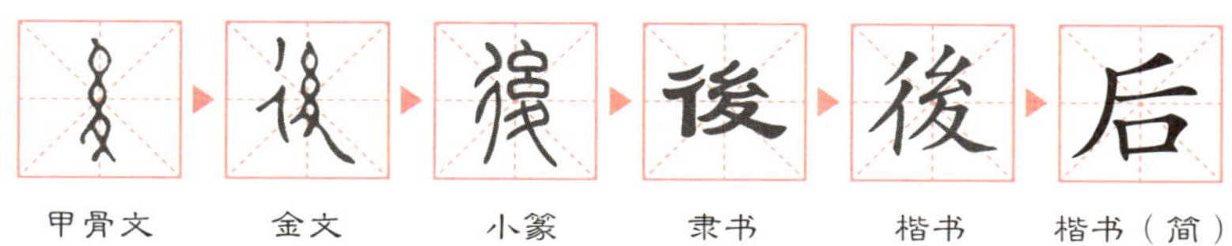

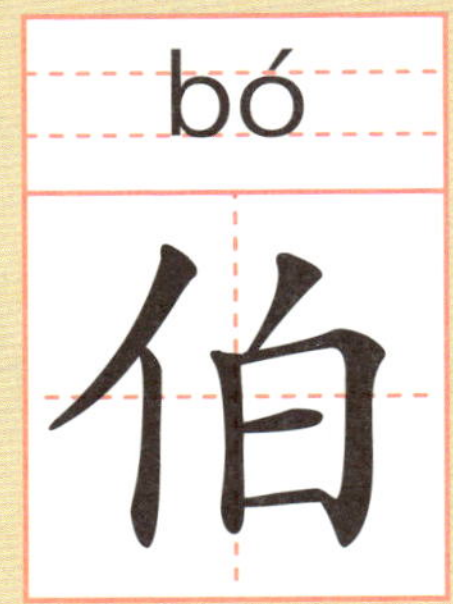

“伯”字的甲骨文（ ）就像大拇指，和“白”字的甲骨文（ ）很相近。而“伯”字的金文则与“白”字的甲骨文完全一样。在小篆里，为了与“白”字相区别，就根据拇指是人手指的一部分，在金文的基础上加了个表示“人”的部首“亻”，写作“伯”。因为大拇指是手指的第一个指头，所以“伯”引申为兄弟当中排行“第一的”“老大”的意思。

【字里字外】

古时候，兄弟之间排序是有说法的。“伯”是老大，“仲”是第二，“叔”是第三，“季”是最小的。后来人们常用“伯仲”来形容事物不相上下，旗鼓相当。

【“伯”字的演变过程】

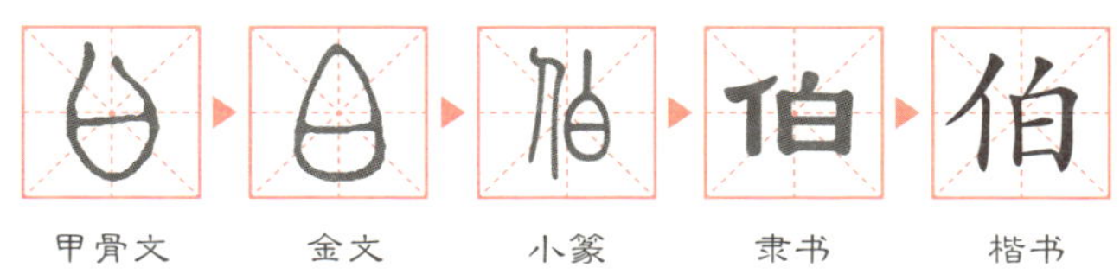

kàn

看

《西游记》中的孙悟空有一个招牌性的动作——把手遮在眼睛上眺望远方。古人在造“看”字的时候，就很形象地表现了这个动作。小篆中的“看”上面是一只手（手），下面是一只眼睛（目），就像一只手在眼睛上面搭一个遮阳棚，挡住刺眼的光线，这样就能看得更远、更清楚。

【字里字外】

我们在阅读和书写的时候，需要用眼睛看书本上的内容。为了保护视力，我们一定要注意正确的读写姿势，要做到“三个一”：眼离书一尺，胸离桌一拳，握笔离纸一寸。

【“看”字的演变过程】

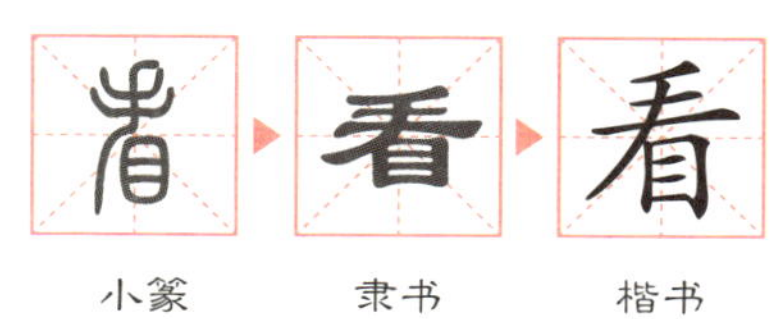

小篆　隶书　楷书

最早发现的“孔”字和现在看到的不一样。在金文里，“孔”字（![]）表示的是一个小孩子，他的头部有一根向下弯曲的短弧线，指的是婴儿头盖骨尚未合拢的地方。所以“孔”字的意思就是“小洞”“窟窿”。后来随着字形的发展，上面的短弧线移到了右边，方向也改变了，逐渐成了现在的“孔”字。

【字里字外】

孔子名丘，字仲尼，是中国春秋时期伟大的思想家、教育家。他提倡以“仁”治国，是儒家思想的创始人。后来，儒家思想逐渐发展，成为中国古代社会的统治思想。

【“孔”字的演变过程】

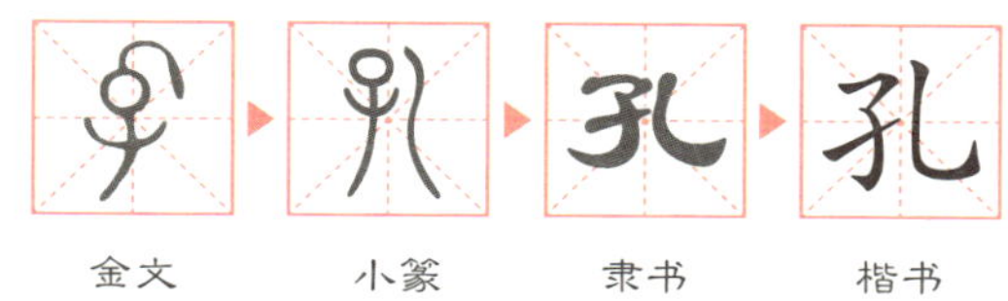

“劳”字是一个会意字。它的小篆写作“勞”，上面为“炏”，表示点了两把火，灯火通明；中间是“冖”，表示房屋；下面是“力”，表示用力。天都黑了，人们还要点着火把在房屋里用力劳作，非常辛苦。因此“劳”字的本义就是“努力劳动”“使受辛苦”。后来又引申出了“费心”“麻烦”等意思。

【字里字外】

“东飞伯劳西飞燕”出自宋朝的《乐府诗集》。伯劳是一种鸟儿，是燕子的同类。生活在一起的鸟儿一个往东飞，一个往西飞，相互离开了对方，后人就用“劳燕分飞”来比喻夫妻别离。

【“劳”字的演变过程】

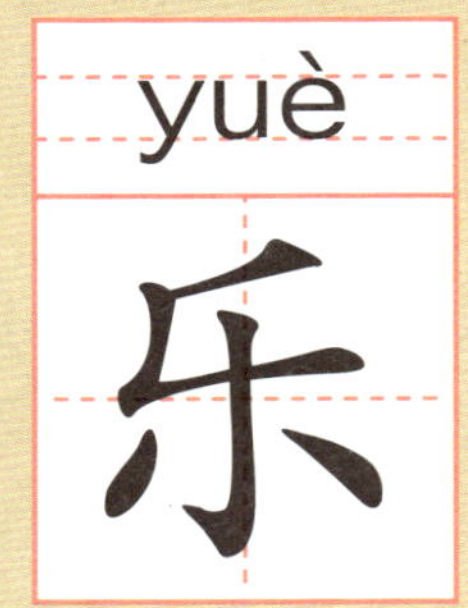

“乐”的古义是指乐器，所以在甲骨文里，“乐”字上面部分（）表示的是一把古琴，下部的“”是一个木架子。发展到金文后，古琴中又加入了一面鼓（），表示乐器更加繁多。小篆中的“乐”字（）和金文大体一致，只是书写更加规范。“乐”字的形态确定以后，因为笔画很多，所以后来又把繁体的“樂”字改成了“乐”。

【字里字外】

孟子说：“独乐乐，不如众乐乐。”“乐”指音乐，“乐”指快乐。意思是：一个人欣赏音乐，没有和大家一起欣赏那么快乐。所以好东西要和大家一起分享。

【“乐”字的演变过程】

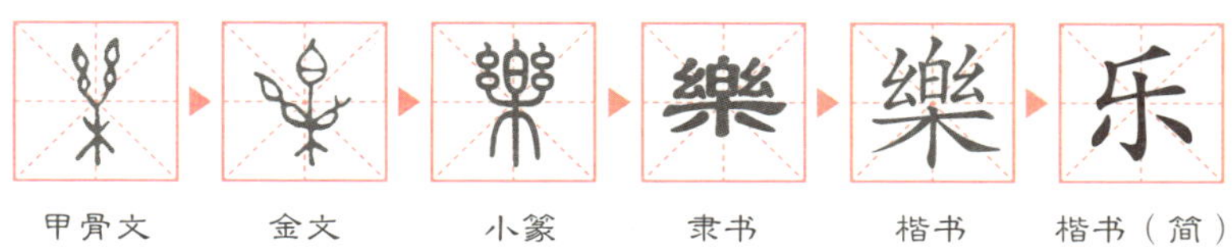

古时候，人们很重视农业生产，把很多的精力都放在农业上。“力”在甲骨文中写作“𠃌”，就像古时候用来耕田的犁，上面弯曲的部分（亅）是木制的犁把手，下面的“十”就是犁头。耕田是体力活儿，需要很大的力气，所以就用这个字表示“力量”的“力”。到小篆时，“力”写作“𠠲”，犁的样子已经简化，倒有点儿像三齿的铁叉了。

【字里字外】

“力拔山兮气盖世”的西楚霸王项羽虽然有一身好本事，也打了不少的胜仗，可惜他不擅长用智谋，不懂得用人，最终被汉高祖刘邦消灭。

【"力"字的演变过程】

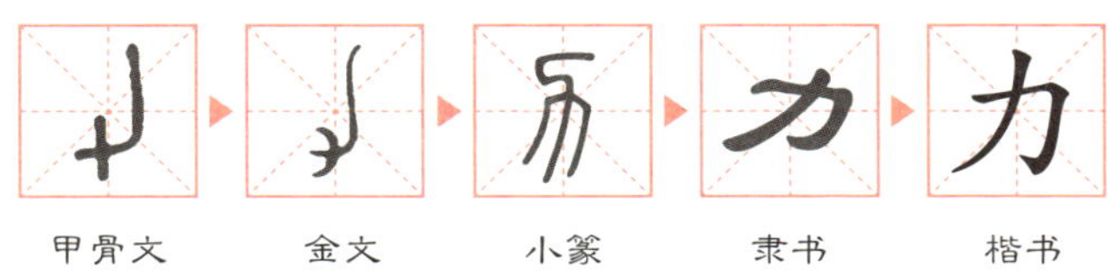

在古装戏里，我们经常会看到监斩官扔出一支令箭，刀斧手便开始行刑的场景。令箭为何有这么大的威力呢？这得从“令”字的构成说起。甲骨文“令”字上面的“A”代表屋子，下面的“㔾”代表一个跪坐的人，合起来表示首领在屋里发号施令。有时施令者不能亲临现场，便把命令写在令箭、令牌等物件上，手下的人便可以依令行事了。

【字里字外】

令箭的外形与鸡毛相似，但后者不能发号施令。有的人喜欢装腔作势，利用手头的一点点权力来吓唬别人，这样的人通常会被别人笑作“拿了鸡毛当令箭”。

【“令”字的演变过程】

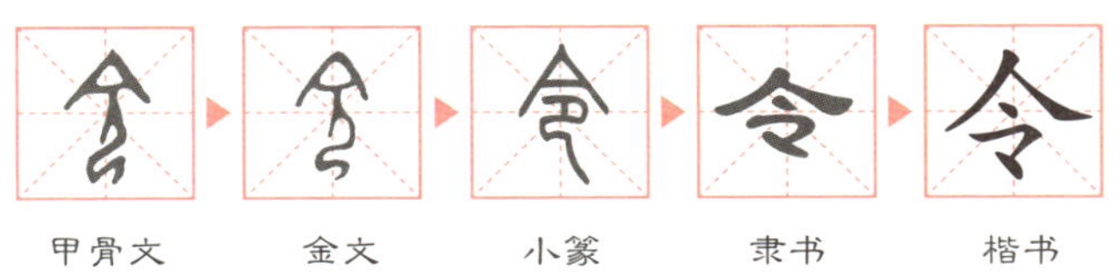

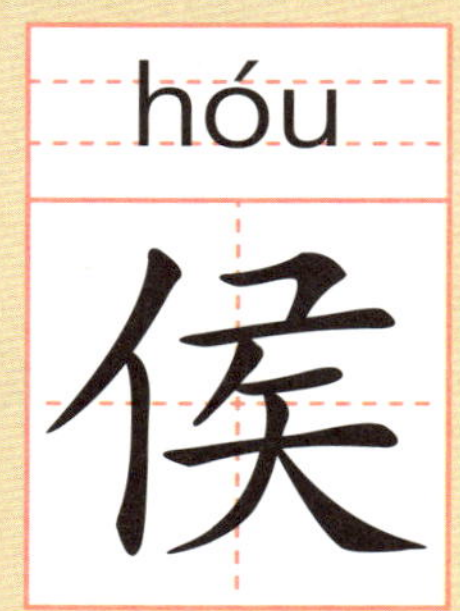

“侯”字的甲骨文写作“[illegible]”，“[illegible]”是指支撑起来的箭棚，下面是一支箭（[illegible]），“侯”字最初的意思就是箭靶。“侯”字的金文与甲骨文相似，只是“[illegible]”左右反向，而小篆则增添了一个面朝左的人形（[illegible]），表示射靶与人有关。古代有“射侯之礼”，即凡是能射中“侯”的人，都是有本事的男子，可以称侯。后来“侯”就被引申成为爵位的等级。

【字里字外】

“侯爵”最开始指的是公、侯、伯、子、男这五等爵位当中的第二等，秦汉之后又进一步引申为仅次于王的爵位。而“侯门”就用来泛指家庭显赫的人。

【“侯”字的演变过程】

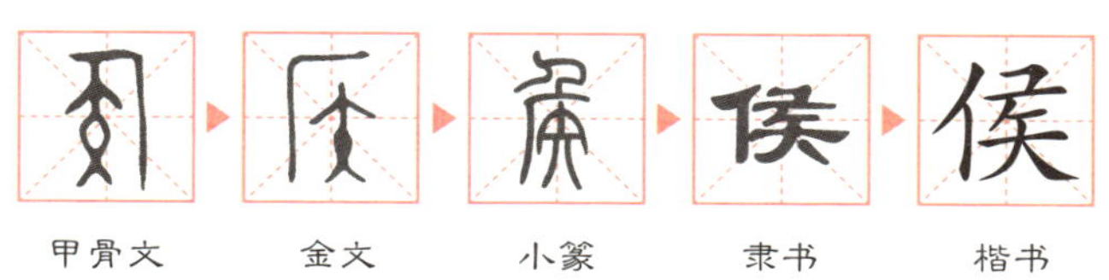

“盲”指的是眼睛失明。“盲”是一个形声字，在金文里，“盲”写作“[illegible]”。“亾”是“亡”的金文写法，“亡”表声，是“失去”的意思；下面部分的“罒”表义，指与眼睛有关。合起来，“[illegible]”表示的意思就是眼睛失明。“盲”字由金文演变成小篆时，“眼睛”也由横着的“罒”变成了直立的“目”。

【字里字外】

有几个瞎子摸一头象，有的摸到象腿，就说大象像柱子；有的摸到尾巴，就说大象像一条蛇……大家各执己见，争论不休。后来人们就用“盲人摸象”这个成语比喻看问题不全面，以偏概全。

【“盲”字的演变过程】

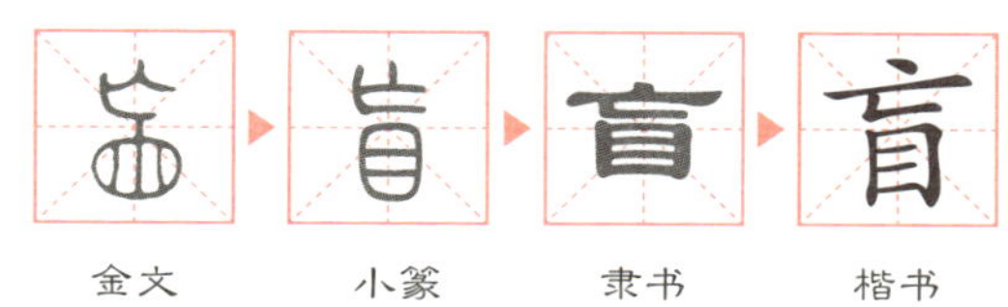

金文　小篆　隶书　楷书

在甲骨文中，“发”字（ ）上部的“ ”是表示物体迅速运动的符号，“ ”描绘的是用手（ ）拿着一根“标杆”（ ）之类的武器向前迅速地投出去，表示“放出”“掷出”的意思。金文中，“ ”和“ ”被弓（ ）和箭（ ）所取代，表示用弓射箭，也有“放出”“射出”的意思。虽然在简体字中“发”“发”字形一样，但意思是完全不一样的。

【字里字外】

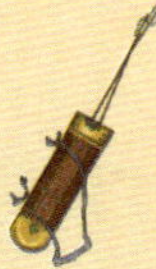

“聩”指的是耳聋。“振聋发聩”的意思是声音很大，使耳聋的人都听得见。这个成语常用来比喻高水平的言论能使麻木糊涂的人觉醒。

【“发”字的演变过程】

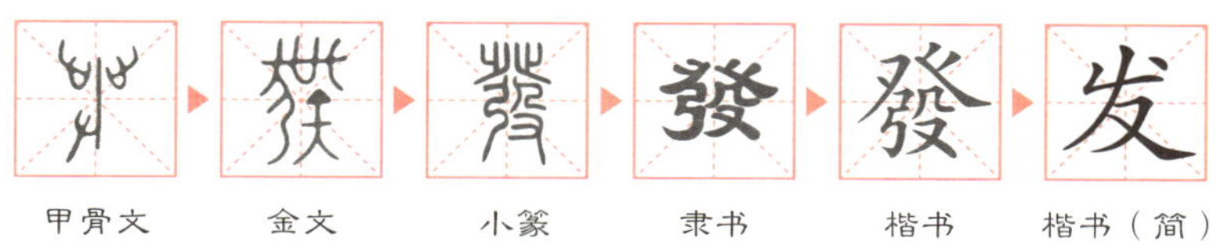

在原始社会里，古人在祭祀、庆功等活动中，总会用跳舞的方式来表示庄重或者庆祝。人们在跳舞时，头上会插着各种羽饰，脸上戴着各式面具，并以此为美。甲骨文的“美”字（ ）正是这样表现的。我们也可以发现，在京剧等戏曲里，舞台上的英雄都是头戴着羽饰的，这样能够显得他们更加英姿飒爽，威风凛凛。

【字里字外】

“沉鱼落雁，闭月羞花。”原指的是中国古代的四大美女——西施、王昭君、貂蝉和杨玉环。后来人们用它来形容貌美的女子。

【“美”字的演变过程】

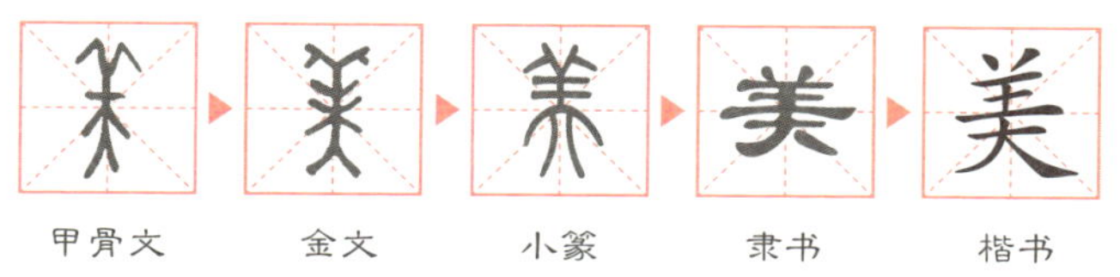

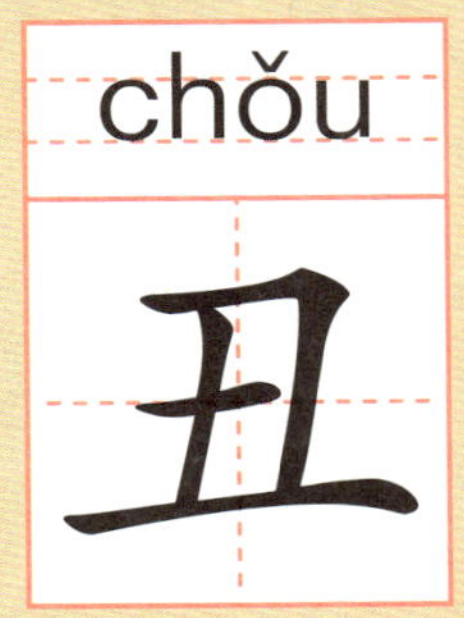

“丑”字意思是“丑陋”，是一个形声字。它左边的“”是“酉”字，表读音；右边的“”是“鬼”字，表字义，因为古人认为鬼的面貌最丑。在古代，“醜”和“丑”是两个字，“丑”的甲骨文（）表示一只手，借用表示十二地支：子、丑、寅、卯、辰、巳、午、未、申、酉、戌、亥；“醜”则表示“丑陋”，后来“醜”字也简化成了“丑”，两个字合为一个字。

【字里字外】

传统戏曲中有生、旦、净、末、丑五种角色。“丑”是指扮演滑稽人物的角色，演员在鼻梁上抹上白粉，有文丑和武丑之分，也叫小花脸或三花脸。

【“丑”字的演变过程】

“鸣”的本义是“鸟叫”“鸟声”，但在甲骨文中，它最初是指鸡叫。“”表示的是一只雄鸡（）在伸长脖子高叫，“鸡”左边的“口”是一个表示啼声的符号。到小篆时，“口”字旁不变，但“鸡”变形为“鸟”字，所以才有了“鸣”的本义。后来，词义扩大，凡是鸟、兽、昆虫等动物的叫声都叫作“鸣”。

【字里字外】

在动物界，有不少鸟儿的鸣叫声悦耳动听，例如有“金嗓子”之称的画眉鸟。画眉鸟的羽毛并不华丽，但是它的眼睛漂亮迷人，加上它有婉转动听的歌喉，因此人们都很喜欢它。

【“鸣”字的演变过程】

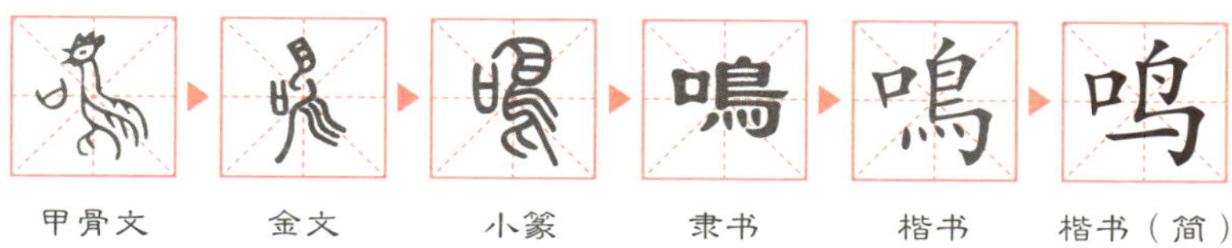

“并”字的古义和现在相似，都表示“并列”“一起”。这从它的字形上可以看出来：“[illegible]”是一个张开双臂的人形，而“[illegible]”的上部是两个这样的人手拉手站在一起，关系亲密；下面的一横代表地平线，生动地表现出这两个人是站在同一水平位置的，是平等并列的，“并”的意思也呼之欲出了。

【字里字外】

通常，我们看到睡莲的茎秆上只能开出一朵莲花，但有的品种却能同时开出两朵。这两朵花同开同谢，大小也相当，人们把这样的莲花称为“并蒂莲”，并且用它来比喻感情很好的夫妻。

【“并”字的演变过程】

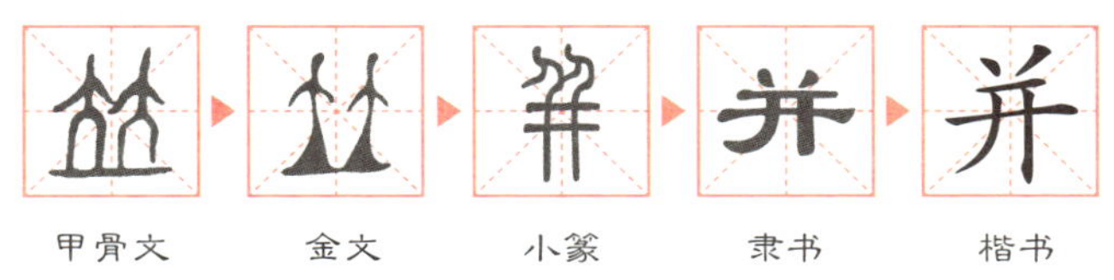

甲骨文　金文　小篆　隶书　楷书

一年就是地球绕太阳转一周的时间。在甲骨文里，“年”字的写法是“[illegible]”，就像一个人（[illegible]）背着稻穗（[illegible]）等庄稼，代表着丰收的意思。“年”的原义就是庄稼成熟，五谷丰收。在古代，庄稼是一年一熟的，后来，人们便把庄稼成熟的周期称为一年，也就是我们现在的“年”字的意思了。

【字里字外】

小朋友们，你知道为什么过年要放鞭炮吗？传说在古代有一个叫“年”的怪兽，它总是在过年的时候来捣乱，人们就用鞭炮吓唬它，后来，“年”就没有再出现了，而放鞭炮就成了过年的传统习俗。

【“年”字的演变过程】

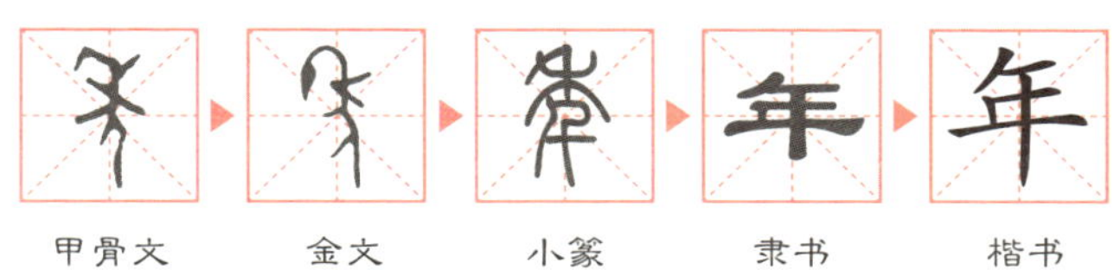

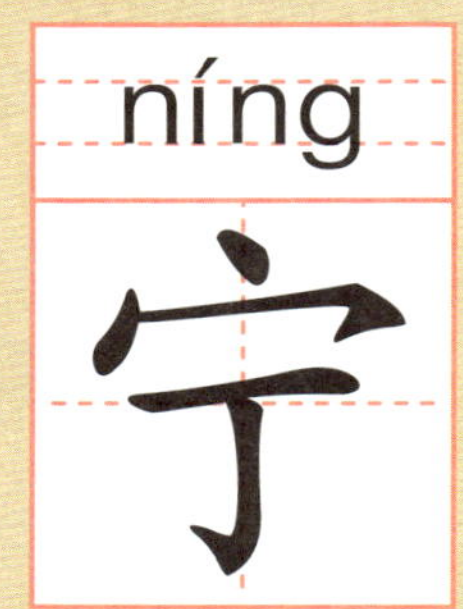

“宁”的意思是“安宁”。在甲骨文中，“宁”字写作“[illegible]”，像在一个房间（∩）里放置了一个盛食物的器皿（ㄩ），器皿下面是“示”（丁），也就是“神”，人们以此来向神明祈祷，希望生活安宁。因为“丁”和“宁”在古时候读音相近，下面的“丁”字是用来表示读音的。金文在“器皿”（[illegible]）的上面加了一个“心”（[illegible]），表示“心安”的意思。

【字里字外】

当读“nìng”这个读音的时候，“宁”表示“宁可”的意思，如“宁为玉碎，不为瓦全”，意思是：宁愿壮烈地死去，也不愿意苟且偷生。

【“宁”字的演变过程】

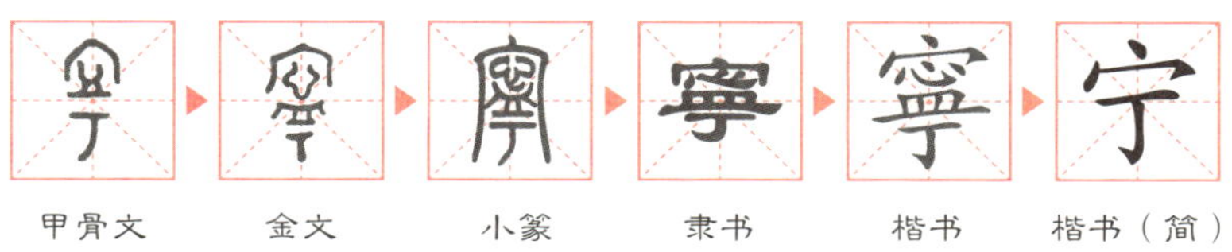

piàn

片

古文里，“片”指的是木片，古人是怎么造这个字的呢？“木”在古文里写成“朩”，把“朩”从中间劈开，一边是“爿”，另一边则是“片”，这两边都是甲骨文中的“片”字。随着文字的发展，最终只留下了右边的“片”表示“片”字。现在，“片”字不仅仅表示木片，也指平而薄的东西，如“明信片”“纸片”等，还作为量词使用，如“一片树叶”。

【字里字外】

“两岸青山相对出，孤帆一片日边来。”这是唐代大诗人李白在《望天门山》中的诗句，传神地描绘出一只小船乘风破浪，越来越靠近天门山的情景。

【“片”字的演变过程】

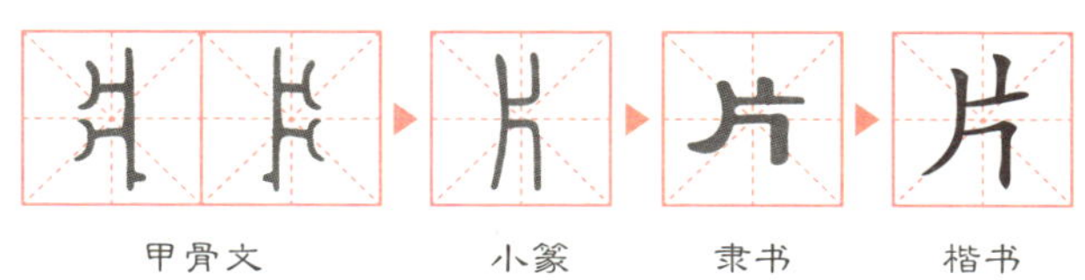

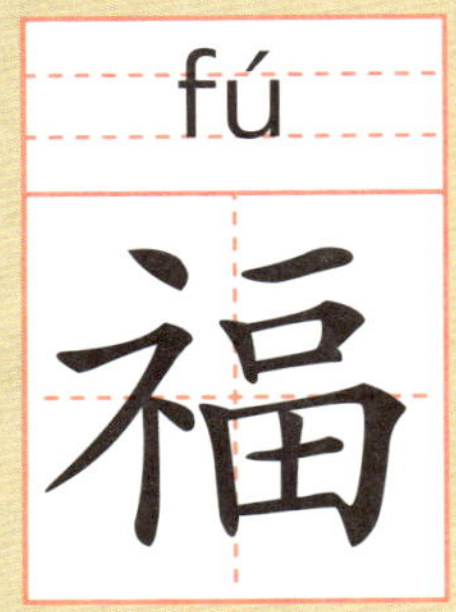

“福”指的是“福气”“福运”的意思，示字旁（礻）表示与祭祀、神灵等有关。在甲骨文里，“福”字（ ）描绘的是一个人正双手（ ）捧着酒坛（ ）虔诚地祭祀，表示以酒敬神、祈求福气的意思。发展到小篆的时候，“福”字字形发生了变化，变成了以“礻”表示字义，以“畐”（古容器名，读 fú）表示读音的形声字。

【字里字外】

每到过年的时候，家里的长辈都会准备一个漂亮的“福”字，而且把这个“福”字倒着贴在门上，用“福倒了”的谐音来表示“福到了”的意思。

【“福”字的演变过程】

中国文字的发展与演变

你知道中国最古老的文字是什么吗?

目前所知道的中国最早的有系统的文字是古人刻在龟甲和兽骨上的文字，叫作甲骨文。

为什么古人要在龟甲和兽骨上刻字呢?这是因为古人敬畏自然和神灵，认为天地神灵有神秘不可知的力量，所以要先问过这些神灵的旨意，才能安心做事。

古人怎样问神灵呢?其实就是采用占卜的方式。但这个过程有点儿复杂:先要把龟甲兽骨洗干净，切成适当大小，再磨平、磨光，然后在背面凿出一条条的小沟槽，沟槽旁再钻一个个小小的圆穴，沟槽与小圆穴都凿得很薄，不能穿透。这些处理好的龟甲兽骨先交由掌管占卜的人保存。等到挑了良辰吉日要开始占卜时，就把这些甲骨拿出来，用火去烧小圆穴，甲骨便会有很多裂纹出现，这些裂纹就叫作“卜兆”。然后古人就会根据裂纹的形态来判断吉凶祸福，并把要卜问的事刻在甲骨上，这就是甲骨文。

甲骨文一直到清朝末年才被人们发现，那时还被中药铺拿去当成药材使用呢!这种药材的名字就叫“龙骨”。

文字演变到商周时期，就成了金文。

金文就是刻在铜器上的文字，因为古人把“铜”称作“金”，所以这些文字被称为“金文”。又因为用铜铸成的钟、鼎等礼器受到人们的重视，所以这一类文字也称“钟鼎文”。

甲骨文的特点是笔道细、直笔多、转折的地方多是方形;而金文有所不同，金文的笔道又肥又粗，而且弯笔比较多。

到了春秋战国时期，因为诸侯国想要称王，问鼎中原，所以连年征战，文字的传播也受到阻碍，各个小国的文字形体演变都不相同。

一直到秦始皇统一中国，他才接受丞相李斯统一文字的建议，把秦

国原来使用的“大篆”稍加改变，让文字的结构和笔画更加稳定，然后向全国推行这套文字，这就是“小篆”。因为“小篆”发源于秦国，所以又被后人称为“秦篆”。

小篆流行到西汉末年就逐渐被隶书所取代了。但由于小篆字体优美，一直被书法家们所青睐。又因为小篆的笔画复杂，形式奇古，所以在印章刻制上，尤其是需要防伪的官方印章，一直采用篆书。

“隶书”就是由小篆简化演变过来的，因为秦朝的官员公务繁忙，要抄写的案卷太多，就把小篆圆润的笔画改成方折的笔画，这样的改变能加快书写速度，而改变之后的字体也保留下来，变成了“隶书”。

汉字演变到隶书，加快了书写速度，但造字原则也被严重破坏，很多字因此看不出原本造字的原理了。

但是，隶书的字体扁平、工整、精巧，尤其发展到东汉时期，撇、捺等笔画向上挑起，具有书法艺术美。因此，隶书的出现是汉字的一次大改革，使中国的书法艺术进入了一个新的境界，奠定了楷书的基础。

隶书流行不久后，“楷书”出现了。楷书的“楷”字，就是楷模、模范的意思。因为它的字体方正、笔画平直，可以当作楷模，所以也被称为“真书”“正书”。

到目前为止，楷书仍然是标准字体，也是人们常见的字体。

至于草书和行书，则是为了方便书写而演变出来的字体。“草书”就是指草写的隶书，形成于汉代。“行书”则介于楷书和草书之间，不像楷书那样端正，也不像草书那样潦草，是日常使用的一种字体。

了解了中国文字的演变过程，对于我们现在所使用的汉字，你有没有觉得更亲切呢？它们可是我们的祖先从很早很早以前传承下来，留给我们的无价之宝！

◎中国文字的演变过程：

甲骨文 → 金文（钟鼎文） → 篆书 → 隶书 → 楷书、草书、行书

图书在版编目（CIP）数据

有故事的汉字：当当订制版. 第二辑 / 苏真编著. — 青岛：青岛出版社, 2016.7

ISBN 978-7-5552-1420-5

Ⅰ. ①有… Ⅱ. ①苏… Ⅲ. ①汉字－儿童读物 Ⅳ. ①H12-49

中国版本图书馆CIP数据核字(2016)第162803号

书　　名	有故事的汉字（第二辑）·壹
编　　著	苏　真
出版发行	青岛出版社
社　　址	青岛市海尔路182号（266061）
本社网址	http：//www.qdpub.com
邮购电话	13335059110　0532-68068026
策划组稿	刘克东
选题优化	谢　蔚
责任编辑	刘克东
封面设计	咸青华
绘　　画	银河动漫创作工作室
插图优化	阅优文化
装帧设计	通感工坊
制　　版	青岛乐喜力科技发展有限公司
印　　刷	青岛炜瑞印务有限公司
出版日期	2016年8月第1版　2018年1月第4次印刷
开　　本	32开（890mm × 1240mm）
印　　张	12.75
字　　数	300千
书　　号	ISBN 978-7-5552-1420-5
定　　价	60.00元（全3册）

编校印装质量、盗版监督服务电话：4006532017　0532-68068638

本书建议陈列类别：儿童读物

苏 真 编著

作者的话

一个深深陶醉于中国文字之美的人，曾许下心愿，要将这份对文字的诚挚之爱传递出去。《有故事的汉字》就是一颗经由美好心愿孕育出来的种子，希望这颗种子可以传播出去，在小读者的心中生根发芽。

写给小朋友的话

你知道在文字发明以前，古人是怎样传递信息的吗？

在很久以前，人们曾经用在绳子上打结的方法来记录事情。比如说：甲村落跟乙村落订下契约，一年后乙村落要送五只羊给甲村落，双方就各拿一段一样长的绳子，在绳子上相同的地方打上五个同样大小的结，等时间到了，双方再拿绳子共同回忆这些绳结表示的意思。

不过这样很不保险，因为所有的事情都用绳结来记，虽然绳结有大有小，打结的地方也不一样，可日子久了，也很难保证每段绳结代表的意思都记得准确无误。

另外，人们还用画画的方式来传递信息，可是这也不是一个很好的方法，因为一幅画要用较大的空间、花很长的时间来画，而且也不是每个人都很会画画，万一想画老虎，画出来的却变成猫，反而把信息传递错了！

幸好，人类还是很聪明的，他们发明了简笔画，就是把物体的样子画一个大概，使别人能够知道是什么意思就可以了。

可是大家的简笔画却画得不太一样。以太阳来说吧，有人喜欢画一个圆圈，有人在圆圈里加上一点，还有人不

但在圆圈里加一点，圆圈周围还要画上万丈光芒，这可怎么办才好呢？

别急！当碰到众人意见不同时，总该有人出来统一，那个人呢，相传就是黄帝的史官，名叫仓颉。

后代子孙根据仓颉统一的这些汉字，发现了汉字的创造规则，并将汉字分为象形字、指事字、会意字和形声字等。

象形字，就是按照物体的样子来画。像“木”这个字，最初画的是一棵叶子掉光，只剩树干的树——“”。

指事字呢，就是要指出这个物体的重点所在。例如刀刃的“刃”字（），是在一把刀上加一点，那一点就是要特别指出这把刀的刀刃很锋利！

会意字又是什么呢？就是你看了这个字，然后脑袋中想一下就可以知道它表示什么意思。例如，“休息”的“休”字（），画的就是一个人（）靠在一棵大树（）下休息，是不是很容易理解呢？

最后说到形声字。你听说过“有边读边，没边读中间”的说法吧？汉字有百分之九十是形声字，形声字一部分是形旁，表示它的意义；一部分是声旁，表示它的读音。例如，唱歌的“唱”字，唱歌是用嘴巴唱的，所以就有了“口”作为形旁，旁边的“昌”是不是跟“唱”的发音很相近呢？

你开始觉得汉字有趣了吧？那就让我们翻开这本书，来了解更多的关于汉字的奥秘吧！

contents 目录

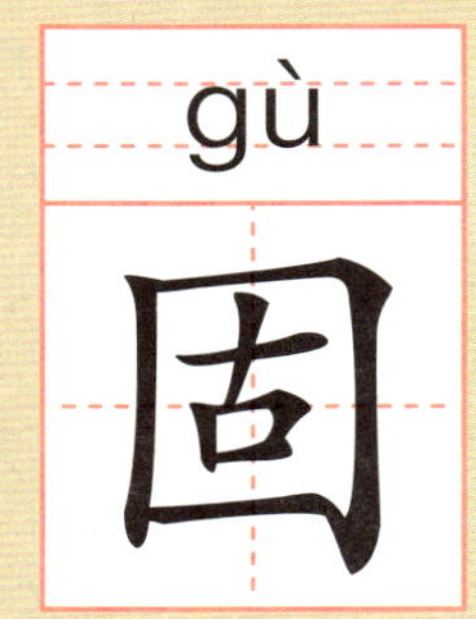

“固”字是一个形声字。它的金文写作“𠙹”，里面是“古”，也就是金文中的“古”字，表示读音；外面的“囗”表示字义，就像一堵环形的围墙，把“古”紧紧地圈起来，一点儿缝隙都没有，保护得非常好。因此，“固”字的本义就是“坚固”“稳固”。现在，“固”字还有“坚决”的意思，如“固守”。

【字里字外】

古人认为，如果一个城市能拥有金属制成的城墙，还有滚烫的护城河水，那这样的城市防御就非常牢固了，可以阻拦一切敌人的进攻。后来，人们就用“固若金汤”这个成语来形容工事非常坚固，不易攻破。

【“固”字的演变过程】

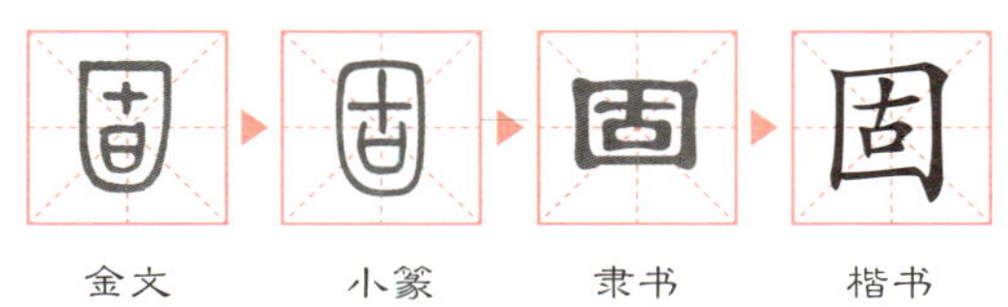

“逆”字是一个会意字，它的甲骨文写作“𢆉”，像一个倒立着的“人”。这个人张着双手，劈开双腿，非常形象。“逆”字的金文（𢆉）下部增加了一个圆点，表示人的脑袋，更加生动地描绘出一个倒立的人的形象。因此，“逆”字的本义是“倒”，与“顺”相对，后来又引申为“不顺”“违背”等意思。

【字里字外】

俗话说“逆水行舟，不进则退”，意思是指逆着水流的方向行船，如果不前进的话，就会被水流冲得后退。这句话常用来比喻学习或做事好像逆水行船一样，不努力进步就会退步。

【“逆”字的演变过程】

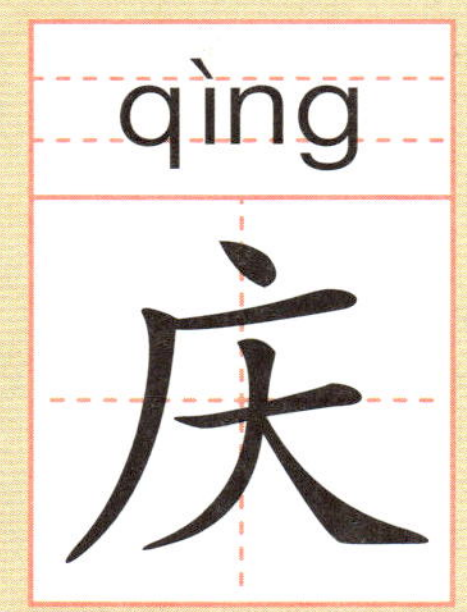

“庆”就是“欢庆”“庆祝”的意思。“庆”字在甲骨文里写成“[illegible]”，是一头漂亮的鹿正在欢快舞蹈的形象，鹿的身上还有美丽的花纹（[illegible]）。鹿站着舞蹈，表示欢乐、高兴、喜庆。在古代，人们常常把有美丽花纹的鹿皮当作订婚礼物，用来表示“欢庆”的意思。随着文字的发展，复杂的“[illegible]”逐渐简化成了现在的“庆”字。

【字里字外】

“庆”字在成语里多表示“庆祝”的意思。如成语“额手相庆”指的是把双手合掌放在额头上互相庆贺；“普天同庆”则表示全天下的人共同庆祝。

【“庆”字的演变过程】

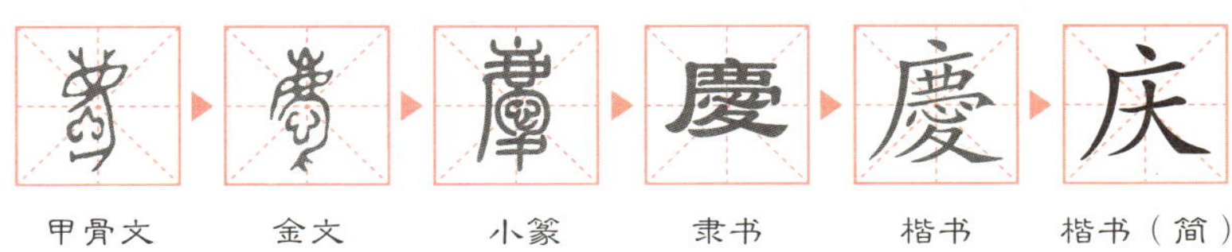

甲骨文的“人”字（𠆢）像一个面朝左站立的人，上端是头，向左下方伸展的一笔是手臂，中间是身子，下面是腿。“人”字的金文和小篆与甲骨文的形态差别不大，只是小篆里的手臂加长了，身体也更加弯曲。现在我们所见到的“人”字是规范的一撇一捺，虽然脱离了人的形象，但书写更加方便。

【字里字外】

“人生自古谁无死，留取丹心照汗青。”是南宋诗人文天祥的诗句，意思是说：人终究有一死，倘若是为了保卫国家而死，死后仍可以光照千秋，青史留名。

『“人”字的演变过程』

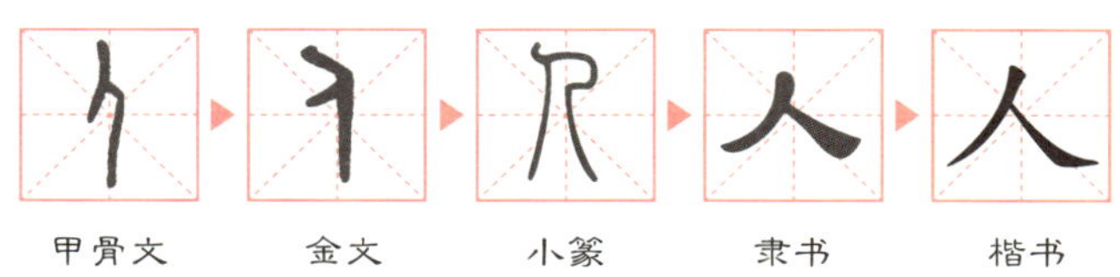

“如”字是一个会意字，它的本义是“遵从”。在甲骨文中，“如”字写作“[illegible]”，左边是“口”（[illegible]），右边是一个跪着的女人（[illegible]），她双手交叉放在胸前，表示“遵从”的意思。在金文里，“如”字写作“[illegible]”，“口”（[illegible]）和“女”（[illegible]）的位置调换了，但意思并没有改变。随着文字的演变，“如”字逐渐变成了现在的样子。

【字里字外】

“如”字在现在常用来表示“好像”的意思，例如成语“如虎添翼”，是指好像老虎长了翅膀一样，比喻强者得到了有力的帮助而变得更加强大。

『“如” 字的演变过程』

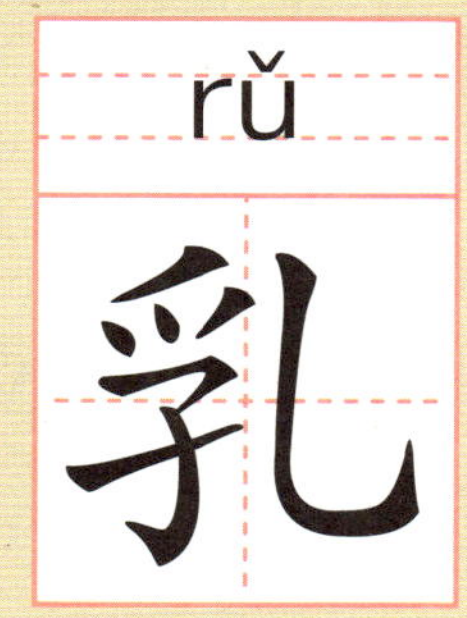

甲骨文的“乳”字( )表示一个跪坐的母亲，双手正抱着孩子（ ），给孩子喂奶，而小孩儿正仰起头张着小嘴吸奶。因此，“乳”字的本义是给孩子喂奶。在金文里，母亲的整个形体被简化，她从跪坐的姿势变成了站立的姿势，抱着孩子的左手也被省掉了，但母亲胸前的乳头还是明显地保留下来了。

【字里字外】

“羊有跪乳之恩，鸦有反哺之义。”小羊为了表示对母亲的感谢，吃奶都是跪着的；乌鸦长大后，会每天飞出去找食物，再回来喂妈妈。动物都能这样，作为人类，我们更应该铭记和报答父母的养育之恩。

【“乳”字的演变过程】

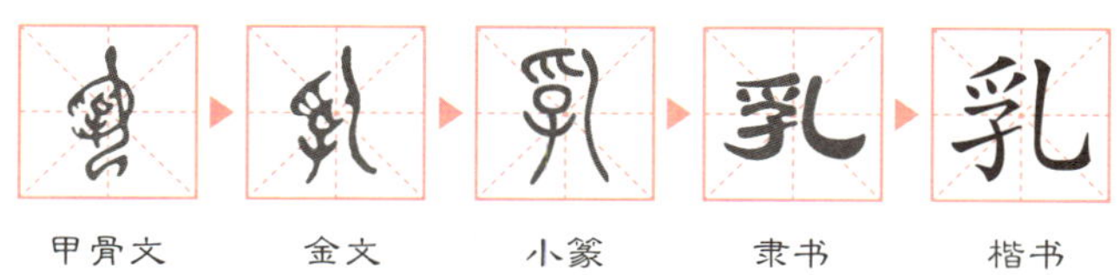

“善”就是“善良”“慈善”的意思，表明了一个人的品性。在金文里，“善”字（譱）是由“羊”（羊）和两个“言”（誩）组成的。羊是一种驯良、温和的动物，与下面的两个“言”（誩）组合，表示一个人有着和羊一样驯良、温和的品性，因而受到人们的争相称赞。

【字里字外】

善良是一种从古流传至今的优良品德。俗语说：“莫因善小而不为，莫因恶小而为之。”这是告诫我们不要因为一件善良的事情太小就不去做，不要因为一件坏事很小、没有多大关系而去做。

【“善”字的演变过程】

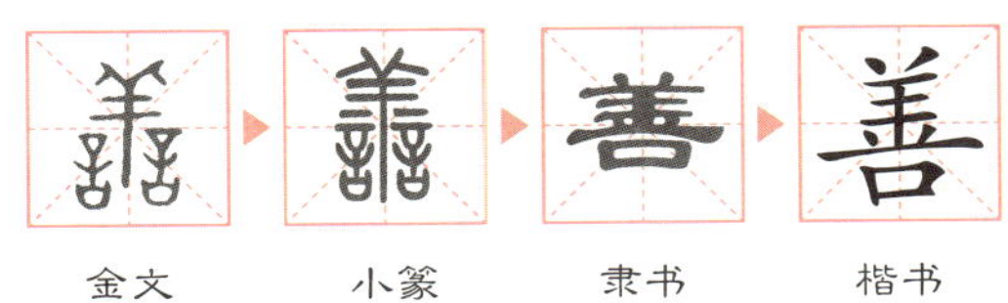

shàng

上

“上”的意思是指位置高的地方。最初的时候，古人想出了这样一个办法来表达“上”的意思：用一根横线（—）作为标准线，在这个横线以上的称为“上”，因此，“上”字的甲骨文就写成“丄”。在金文里，点变成了短横线，但是容易与数字“二”混淆，后来，人们在中间加了根竖线，就逐渐演变成了今天的“上”字。

【字里字外】

“一步跟不上，步步跟不上。”指的是在学习过程中，如果落下了其中一步，之后就会一直跟不上进度。所以，小朋友们学习的时候可不能有丝毫的懈怠呀！

【“上”字的演变过程】

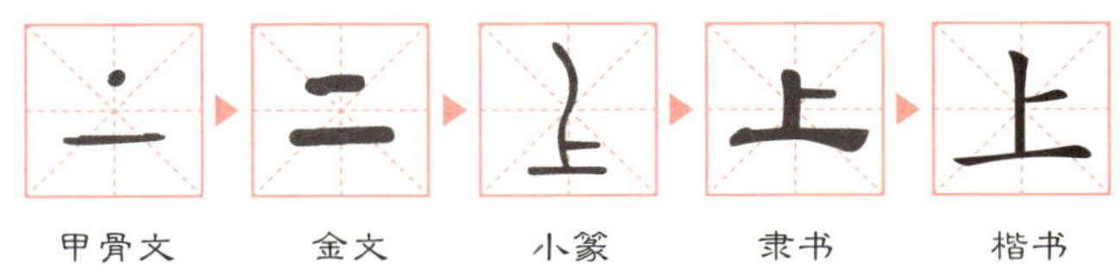

“下”与“上”相对，表示位置较低的地方。“下”字的造字过程和“上”字基本相同，古人在一条标准横线（一）下面标记一点（⼀̣），用以表示“下”的意思。“下”字后来的字形变化，也基本和“上”字相同，只是在后面的发展过程中，“上”字上面的点变成了一条短横线，而“下”字的点仍保留着点的形状。

【字里字外】

“飞流直下三千尺，疑是银河落九天。”是唐朝大诗人李白的诗句，描写的是瀑布从上往下飞溅下来的情景。作者用夸张的手法和巧妙的比喻，形象地描绘了这一美妙的景象。

【“下”字的演变过程】

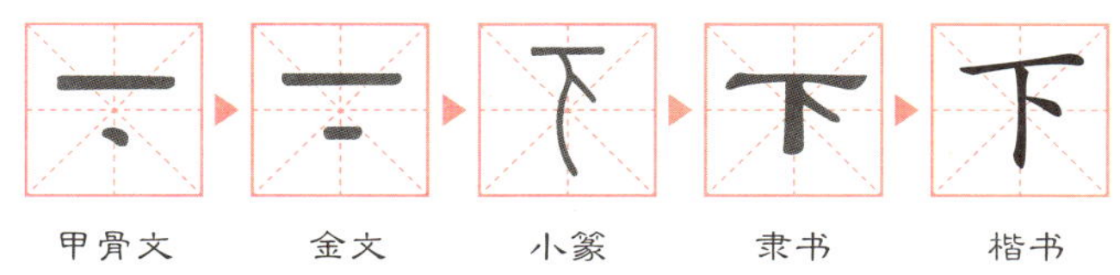

“麻”字的金文写作“𠀀”，左上部的“厂”表示屋檐，里面的“𣏟”是指挂着晾晒的一缕一缕的纤麻。“麻”字的小篆与金文非常相似，只是上部加了一点。“麻”字的本义是指可以做绳索的“大麻”，现在引申为亚麻、黄麻、剑麻等各种麻类植物的总称。有时候，“麻”字也特指“芝麻”，如“麻油”。

【字里字外】

“麻木不仁” 中的“仁”是感觉灵敏的意思，这个成语是指肢体失去知觉或是感觉迟钝、反应不灵敏。现在多用来比喻对于外界事物反应迟钝，或是对于某件事情漠不关心。

【“麻”字的演变过程】

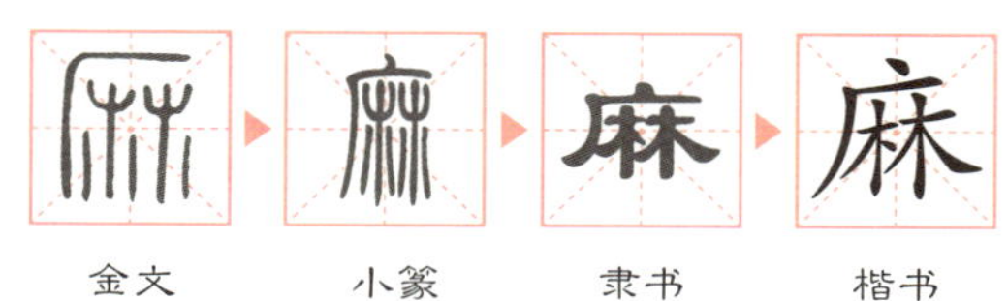

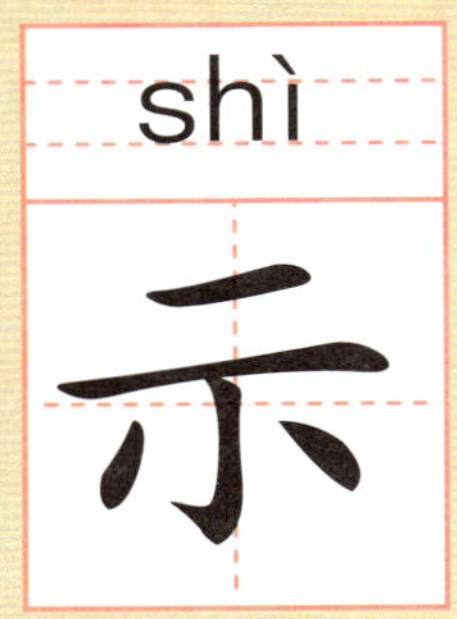

古人把石块堆砌成“丅”的样子，当作“神像”来膜拜，这些石块被称为“灵石”。“示”字的甲骨文（丅），描绘的是灵石摆放的形状，其本义就是“灵石”。在金文里，“示”字的形象改为“示”，下面的一横移到了上面，中间的两竖合成了一竖，每边各加了一点，表示祭拜时的祭品。现在，“示”字的意思是“把事物摆出来使人知道”。

【字里字外】

“示”字作汉字的偏旁部首时写作“礻”。用“礻”作偏旁部首的汉字，意思大多与神灵、祭祀有关，如“神”“祠”“祀”“社”“祈”“祷”等。

【“示”字的演变过程】

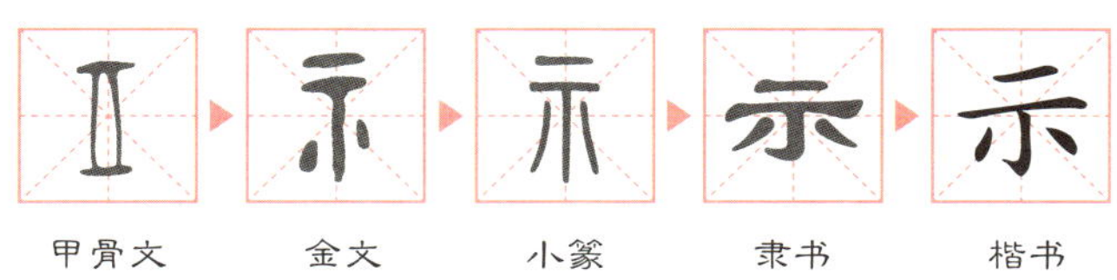

“兽”字的本义是“狩猎”。“兽”字的甲骨文（ ）左边是捕兽的猎具（ ），“ ”（干）和“ ”（猎网）都是捕猎工具，右边是一只猎犬（ ）。猎具和猎犬合起来，表示打猎。金文中，“ ”左下端加入了“ ”，表示可以把“干”插入地中的金属套。后来，“兽”字进一步简化，逐渐成为现在的样子。

【字里字外】

“兽”的本义是狩猎。后来这个会意字由动词转变为名词，作为动物的总称，指被狩猎的对象，所以人们又另造了一个“狩”字，代替本义的“兽”。

【“兽”字的演变过程】

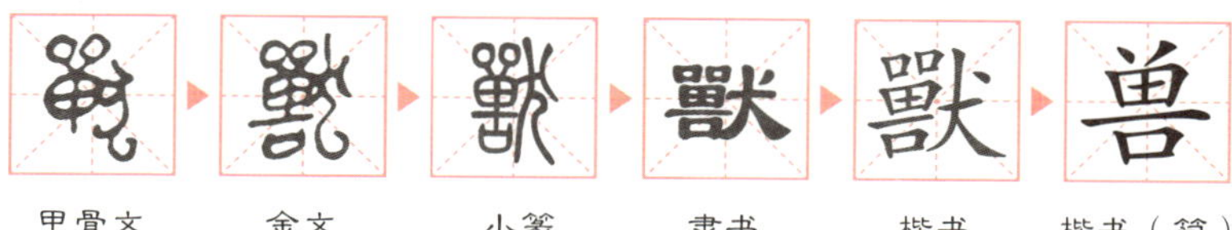

古时候，人们用柴火生火做饭。柴火生长在野外，樵夫将它们采集之后，搬运回去很不方便，于是需要用绳子把柴火束起来，扎成一捆一捆的模样。甲骨文里的“束”就是一捆柴火的象形，交叉的三竖表示很多柴火，中间的方框代表捆扎的绳子。后来，汉字的形态几经演变，但“束”字的模样基本没变。

【字里字外】

古时候，人们通常把用不上的东西捆绑起来，放在高高的架子上。后来就渐渐形成了“束之高阁”这个成语，用来比喻东西放着不用。

【“束”字的演变过程】

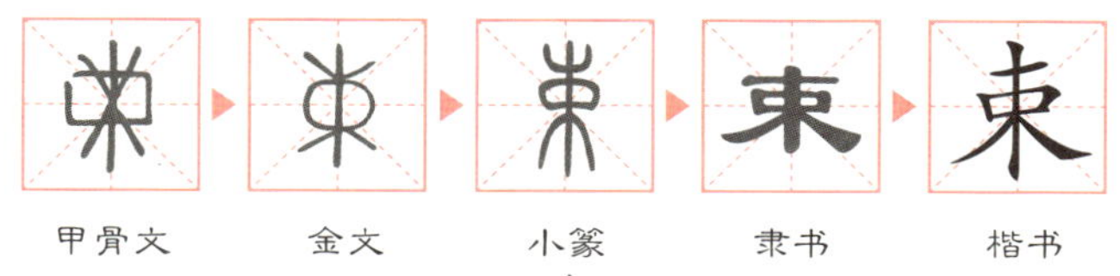

“田”表示田地。无论在哪种古汉字里，“田”字都是一块田地的象形，四周的边线表示把一块地围起来，准备在其中耕种。但是这块地很大，需要划分成小格才方便种植。于是，在其中加入纵横交错的直线，表示田埂或者田间小路。甲骨文中的“𠀠”被分割成六块，金文以后就被简化成四块了。后来，“田”又假借为“打猎”的意思，这个意义多写作“畋”。

【字里字外】

在封建社会，田地是财富的标志。地主占有大量的田地，他们不亲自耕种田地，而是把田地租给贫苦的农民，依靠剥削农民的田租生活。农民交完田租后，生活仍然很困难。

【“田”字的演变过程】

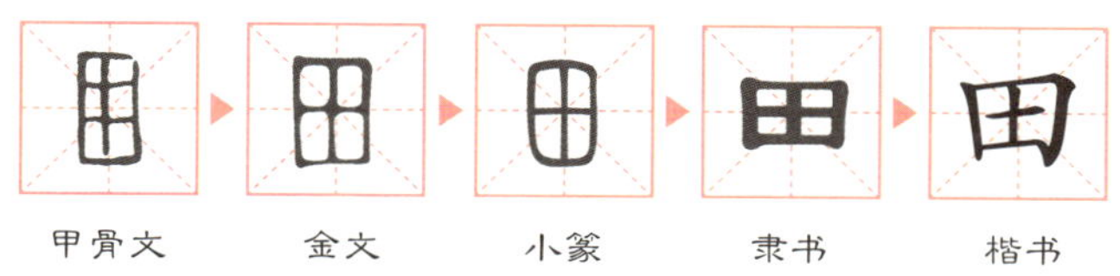

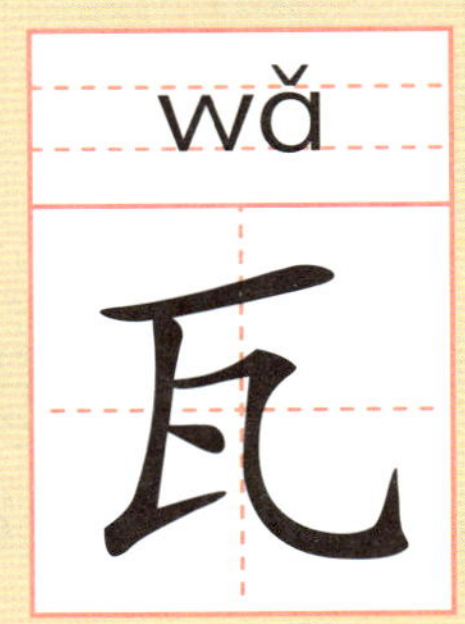

早在三千多年前的夏商时代，人们就学会了用陶土烧瓦盖房子。小篆里的“瓦”字是一个会意字，“〔”是瓦片的形状，两片瓦上下搭在一起就成了“〔”，中间再加一短横，表示把这两片瓦连接起来，加以固定。后来，“瓦”字中间的短横变成了一点，两片瓦的形状也有了一些改变，就形成了现在的“瓦”字。

【字里字外】

瓦是用陶土烧制而成的，质地坚硬但是容易破碎。“冰消瓦解”是指某样东西像冰雪一样消融，像瓦片一样破碎，意思是指事物彻底崩溃消失。

【“瓦”字的演变过程】

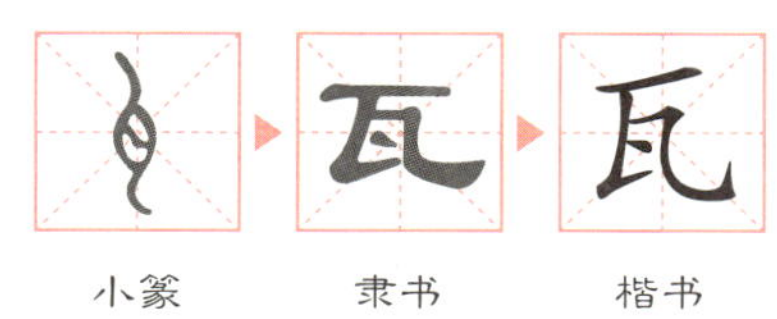

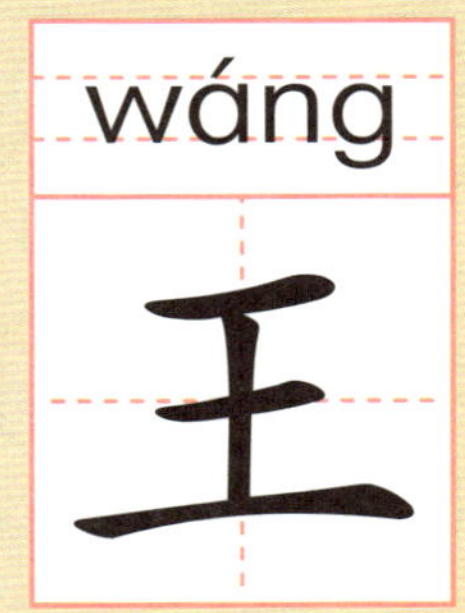

甲骨文的“王”字（[illegible]）像一把大斧，是古代用来杀戮的武器，谁拥有这种武器，谁便拥有至高无上的权力，可以称王称霸，所以，“王”字的本义是“最高统治者的称号”。在金文里，“王”写作“王”，强调了斧口部分。小篆的“王”字表示斧柄的两横还在，但斧身和斧口却已经变成了“⊥”。字形发展到今天，已经看不出杀人大斧的样子了。

【字里字外】

秦朝末年，陈胜、吴广领导农民起义，他们的口号是“王侯将相，宁有种乎”，意思是：那些地位显赫的人也不是天生的贵种，谁都有权利称王称霸。

【“王”字的演变过程】

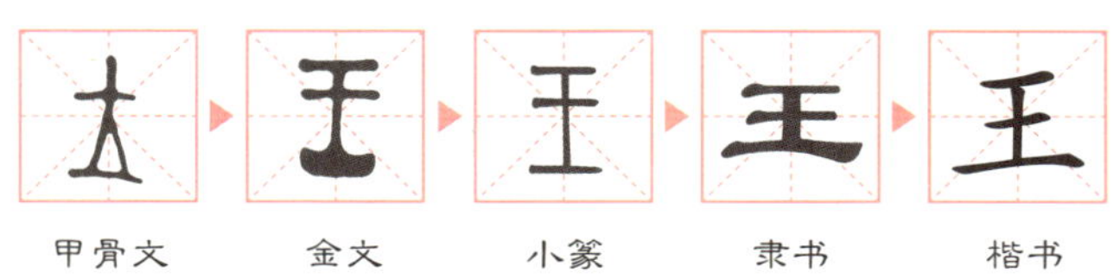

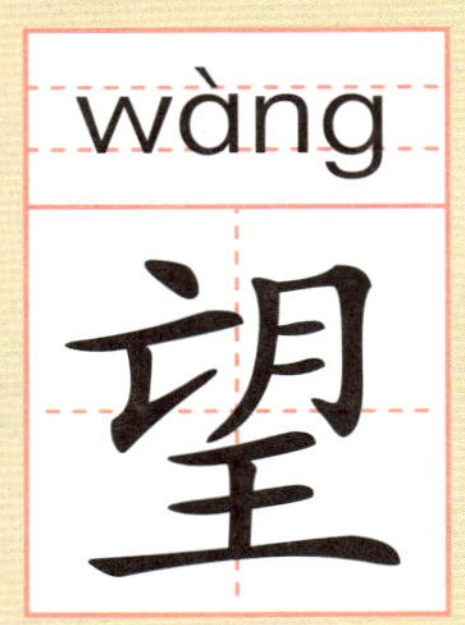

“望”字的甲骨文写作“[ancient glyph]”，是一个人（[ancient glyph]）站在一个高出地面的土墩（[ancient glyph]）上举目（[ancient glyph]）仰望的形状，因此，“望”的本义就是“远看”。在金文里，“人”和“土墩”变成了“壬”（[ancient glyph]），眼睛里多了个眼珠，更加活灵活现，而且右边加了个“月”（[ancient glyph]），说明这个站在高墩上的人正抬头望月。所以，后来的历法又把每月十五日（月圆时）叫作“望”。

【字里字外】

每月农历十五（月圆之日）称为“望”，而与之相对的则是“朔”。“朔”是指每月农历初一，这时月亮运行到太阳和地球之间，地球上看不到月光。

【“望”字的演变过程】

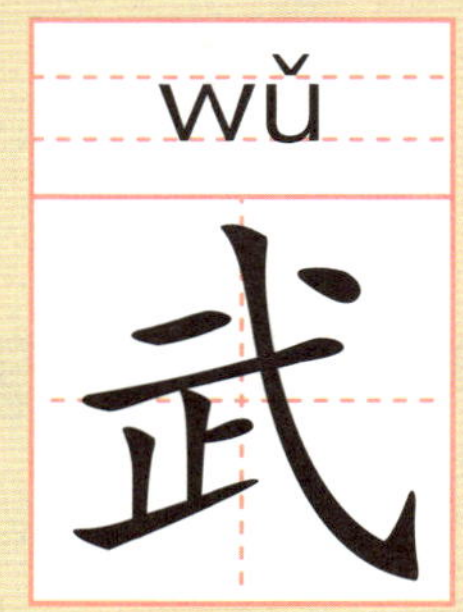

“武”的意思是“动武”。“武”字是个会意字，在甲骨文里写作“[甲骨文]”，分为两个部分，上面是作为武器的“[甲骨文]”（戈），下面是脚（[甲骨文]），在这里表示行动的意思。上下两部分连起来，表示“征伐动武”。金文和小篆的写法大致与甲骨文相同。后来，字形在小篆的基础上逐渐变化，最终变成了现在的“武”字。

【字里字外】

成语“穷兵黩武”的意思是出动全部兵力，任意发动侵略战争。在历史上，许多统治者为了争权夺利，常常会动用武力，使得民不聊生。

『“武”字的演变过程』

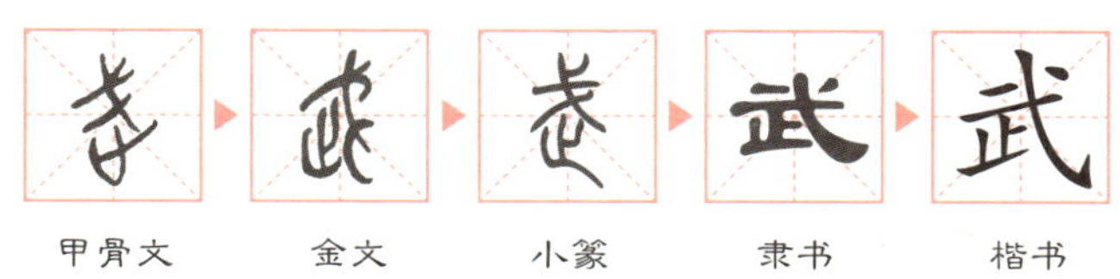

现在的“之”字主要用作代词或助词，但在古代，“之”字表示的意思却是“到某处去”。在甲骨文里，“[illegible]”上面的部分（[illegible]）表示脚，下面一横（_）表示地面，合起来就是脚离开原地，用以表示从这里向前走，到某个地方去，也就是“往”的意思。后来，随着文字的发展，下面的一横（_）发生了变形，看不出地面的形状了。

【字里字外】

“之、乎、者、也”是文言虚词，古代的文人经常会使用这些词。而现在“之乎者也”是一个成语，常用来形容咬文嚼字与迂腐的书呆子气。

【“之”字的演变过程】

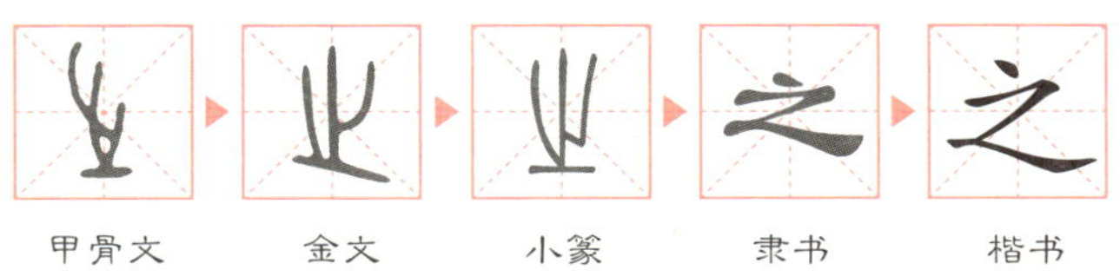

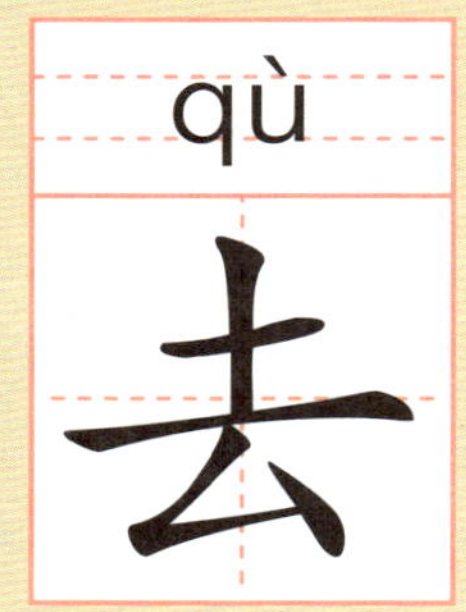

“去”字是个会意字。“去”字的甲骨文写作“[illegible]”，上面的“[illegible]”是一个人，下面的“[illegible]”表示门口，人离开门口就是“去”，所以“去”字的本义就是“离开”。“去”字的金文（[illegible]）比甲骨文更加生动，像是人迈开步伐跑着离开门口。小篆“去”字（[illegible]）下面的“[illegible]”开了个口，表示“人已经走了”的意思。

【字里字外】

平时我们会收集到很多信息，但这些信息不一定全是真实的。为了避免错误的事情发生，我们需要辨别、查证，排除那些虚假的信息，保留真实的信息，这样就做到了“去伪存真”。

『“去”字的演变过程』

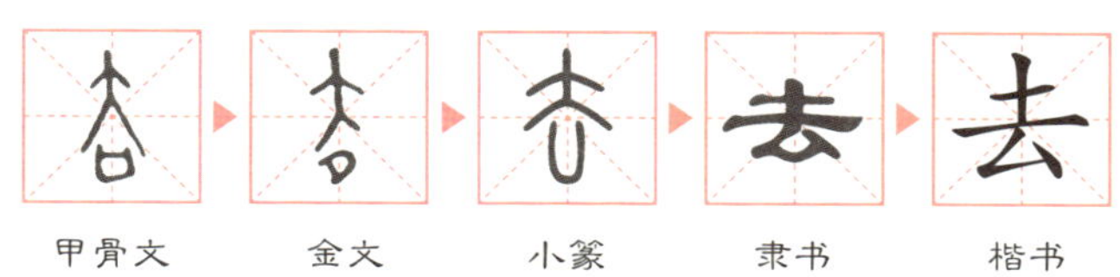

看到“乡”字，自然会想到自己的家乡。但“乡”字的本义却是“相聚宴饮”。“乡”字的甲骨文（𩙿）和金文（𩙿）都像是两个人面对面吃东西。发展到小篆阶段，“乡”字写作“𩙿”，把金文两边跪坐着的两个人换成了“阝”和“阝”，都是“邑”字，表示“地方”的意思。所以，我们就把出生之地称为“家乡”。

【字里字外】

唐朝诗人贺知章的诗中写道：“少小离家老大回，乡音无改鬓毛衰。”这两句诗的意思是：诗人在少年的时候就离开家乡，一直到老了才回来，说话的口音没有改变，双鬓却已经斑白了。

【“乡”字的演变过程】

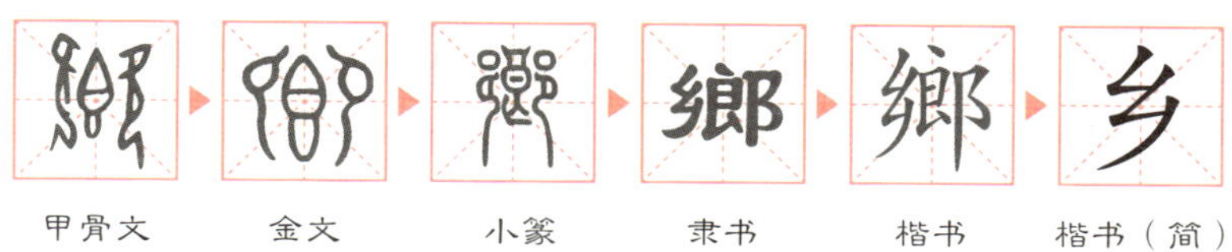

“今”的意思是“现在”“当前”，跟“古”相对。它的甲骨文写作“A”，像一个铃铛，“A”是铃铛的外壳，里面的“一”是小铁片。摇动铃铛，可以提醒自己和身边的人，注意当下正在发生的事情。“今”字的金文是“A”，小铁片与铃铛的外壳连接起来了。到了小篆，“今”里面的小铁片与“绳索”连接着，让人拽着绳索摇响铃铛。

【字里字外】

有些人对古代的事情和现代的事情都非常了解，这就是人们常说的“博古通今”，形容知识非常丰富。“古”和“今”分别指古代和当今发生的事情。

【“今”字的演变过程】

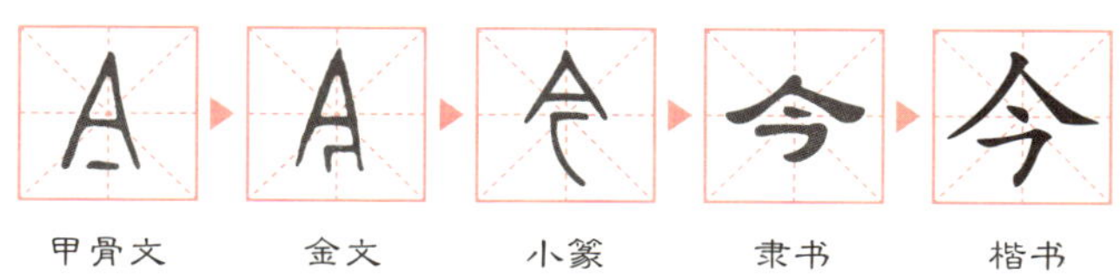

“臭”字是一个会意字，最初是“嗅”的意思。它的甲骨文写作“”，上部是一只大鼻子（），下部是一条头朝上、腿朝右的狗（）。古人知道狗的嗅觉很灵敏，所以把“鼻子”和“狗”放在一起组成一个字，表示“闻味道”，也就是“嗅”的意思。要“闻东西”，先要有“气味”，所以“臭”字也表示“气味”的意思。

【字里字外】

“乳臭未干”中的“臭”字经常被人误读成“chòu”。其实，“乳臭”并不是指臭味，而是指奶腥味。这个成语用来形容人幼稚不懂事理，有时用来表示对年轻人的轻蔑或不信任。

【“臭”字的演变过程】

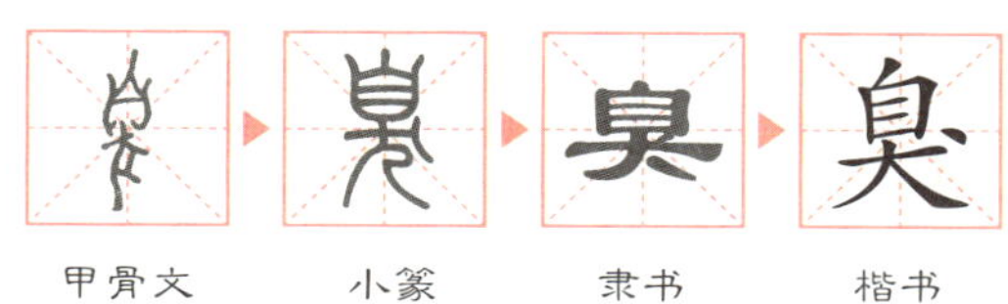

“夕”字的本义是“傍晚”。在甲骨文里，“夕”和“月”都表示月亮，只是到了金文后，“𝔇”（月）字里有一点，而“𝔇”（夕）字里没有。因为在黄昏的时候，天空中的雾气很多，看不到月亮的阴影，所以“夕”字里就没有点了。现在，“夕”字除了表示“傍晚太阳落山的时候”，也可以泛指晚上，如“除夕”。

【字里字外】

“向晚意不适，驱车登古原。夕阳无限好，只是近黄昏。”这是唐代诗人李商隐的诗句，他面对着夕阳西下的美景，表达了对时间流逝的叹息，抒发了对自己怀才不遇的感叹。

【“夕”字的演变过程】

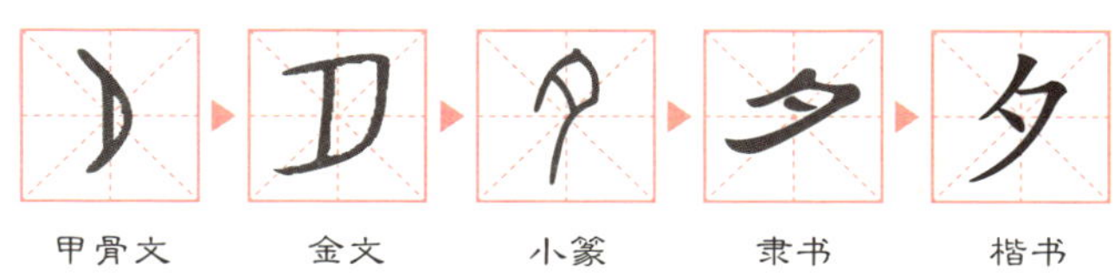

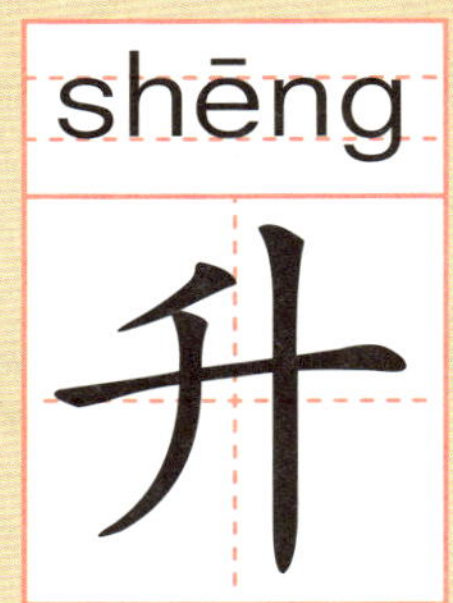

“升”原是指一种舀酒的容器，呈勺形，有长柄。甲骨文中，“升”字的主体（ ）是一个酒勺，勺中和两侧的点代指酒水。舀酒的时候，必须把“升”举得很高，才能让酒流到盛酒的容器里去，所以“升”便有了“向上”“登上”的意思。同时，人们根据“升”舀酒的量，又把它作为一个容量单位。

【字里字外】

以前有个民间传说：有一个人得道成仙，他全家都得到了好处，连鸡和狗都升天做了神仙。后来，人们便用“一人得道，鸡犬升天”来比喻一个人做了大官，跟他有关系的人也跟着得势。

【“升”字的演变过程】

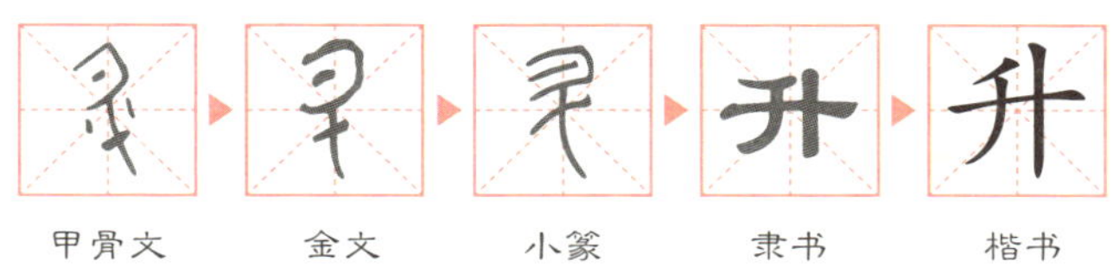

“降”是“落下”的意思，与“升”相对，但在古代，这个字的本义却是“从高处往下走”。在甲骨文中，“降”字写作“[illegible]”，左边是“[illegible]”，表示一个高高的坡，右边就像两只脚（[illegible]），合起来指高坡的旁边有两只脚，意思是从高坡上走下来。后来，人们从它的本义又引申出了“降落”“降低”等词义。

【字里字外】

清末著名文学家龚自珍曾说：“我劝天公重抖擞，不拘一格降人才。”这两句诗的意思是：我劝天帝重新振作精神，不要拘守一定的规格，来降生更多的人才。它表达了作者希望有更多人才为国效力的愿望。

【“降”字的演变过程】

古时候，人们造的房子多是南北朝向。为了通气采光，人们会在南北方向的墙上各开一个窗户。在甲骨文里，“向”写作“𠆣”，“宀”表示房子，而“口”表示窗户。“向”字最初的意思就是指朝北面开的窗户，因为专指朝北的窗户，后来由此引申出“朝向”“方向”等意思。

【字里字外】

成语“所向披靡”比喻军队作战能力强，所到之处，敌人纷纷溃败。西汉时期的卫青是一位年轻有为的大将，他带兵出征，所向披靡，消除了匈奴对中原的威胁。

【“向”字的演变过程】

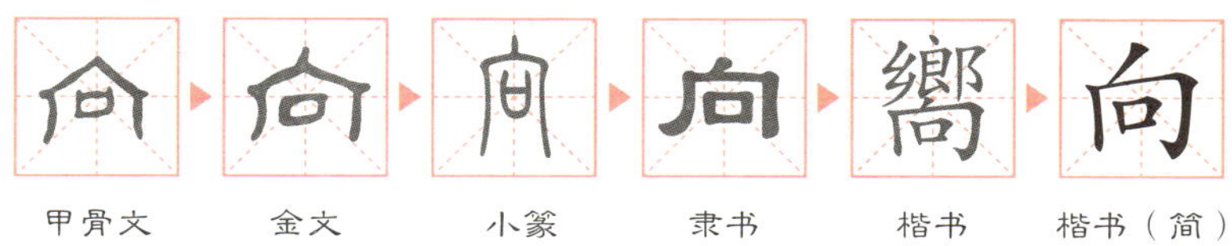

“小”是“大”的反义词，表示东西细微。天地万物，有大就有小，甲骨文的“小”（ ），用很简单的三个小点就表明了“小”字的含义。演变到小篆，“小”（ ）字中间的小点已经变成了长竖，左右两点变成了两条弧线，到后来又恢复了左右的两个小点，但“小”字的意思一直没有改变，仍旧是“细”“微”的意思。

【字里字外】

“小”字的意思是指在体积、面积、数量、力量、强度等方面不及一般的或不及比较的对象。成语“小恩小惠”“小巧玲珑”当中的“小”都是这个意思。

【“小”字的演变过程】

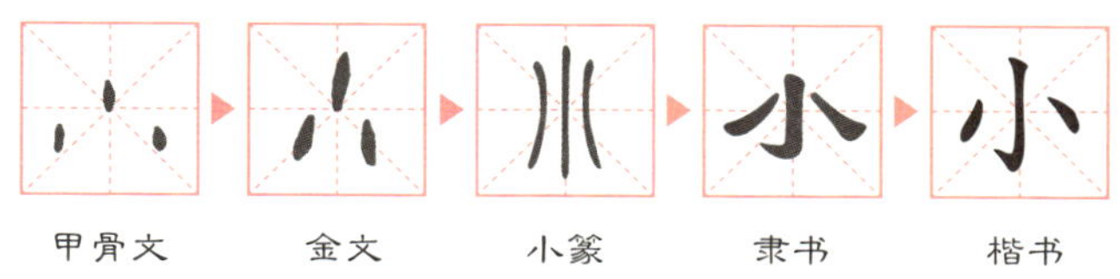

孝顺老人是中华民族的传统美德。甲骨文的“孝”字( )像长着长头发的老人。金文的“孝”字（ ）就更加清楚地表现了这一点：“ ”是一位弯腰驼背的老人的形象，“ ”则是一个孩子的形象，可以理解为老人的子女。孩子扶住老人慢慢前行，一个细微的生活场景，生动地表达了“孝”字的含义。

【字里字外】

古人非常讲究孝道，认为把父母陷于不义是第一种不孝；不奉养父母是第二种不孝；不生养子女是第三种不孝，而且认为第三种最为严重。所以，古人说：“不孝有三，无后为大。”

【“孝”字的演变过程】

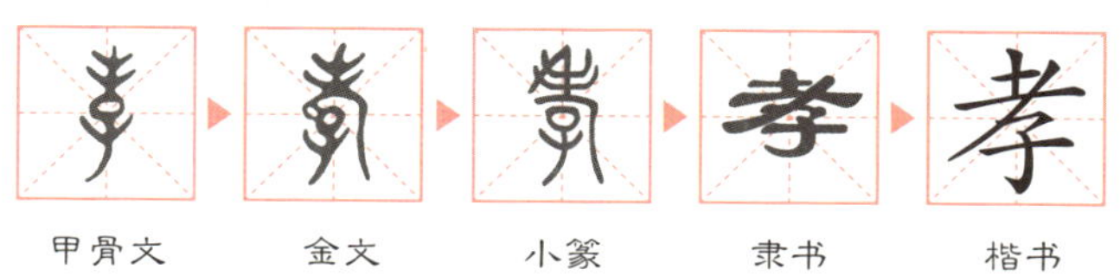

“新”字的本义是“初次出现的，与旧相反的”。在甲骨文里，“辛”字写作“[illegible]”，指的是木柴，而“斤”写作“[illegible]”，表示斧子，“新”字的甲骨文就是由“辛”和“斤”构成的，表示用斧子砍木柴，木头上出现了新的口子。而到了金文时，“辛”字下面衍生成“木”形（[illegible]），逐渐变成现在看到的“新”字。

【字里字外】

孔子说：“温故而知新，可以为师矣。”这句话是要告诉我们一种正确的学习方法，意思是说：温习以前学过的知识，进而懂得新的知识，这样的人就可以做老师了。

【“新”字的演变过程】

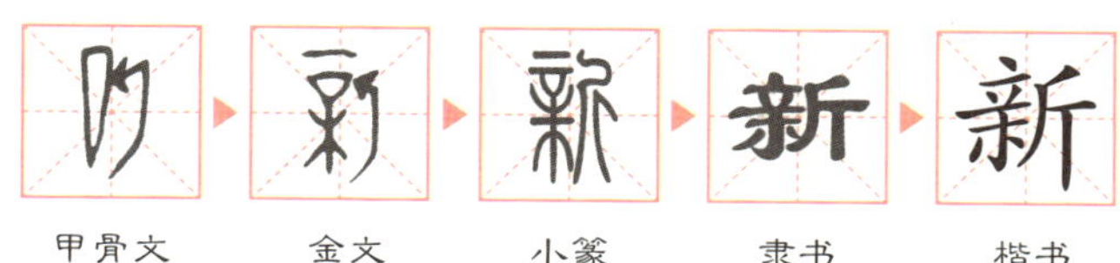

“仁”字的本义是“和善”“与人相亲”。它是一个会意字，在金文里写作“𠆸”，左上边的“𠆢”是一个人侧着站立的形状；下边的“=”是一个表示“重复”的记号，意思是“人人”。二者结合起来，表达的意思就是：人与人之间相处而不相争，互相友爱、亲善，也就是“仁爱”。现在，“仁”字也用于对对方的尊称，如“仁兄”“仁弟”“仁伯”。

【字里字外】

“仁”是中国古代一种含义极广的道德观念，其核心是指人与人相互友爱。孔子以“仁”作为最高的道德标准，所以我们称那些品德高尚、志向远大的人为“仁人志士”。

【“仁”字的演变过程】

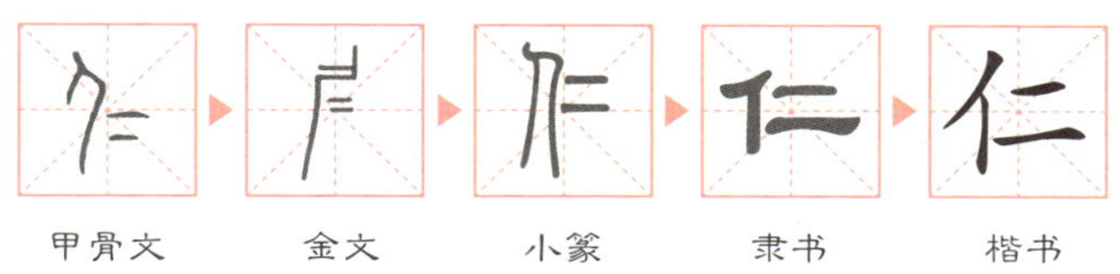

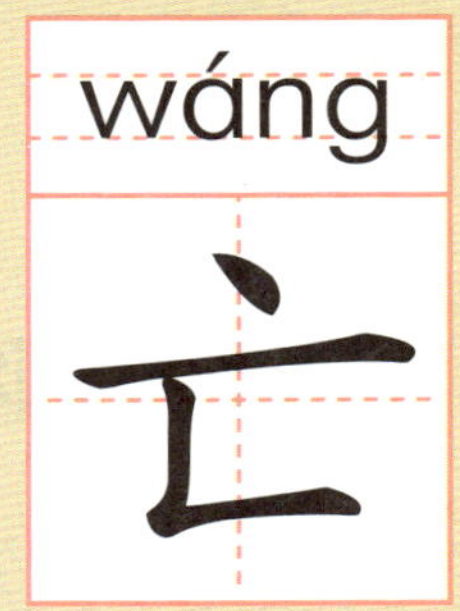

“亡”最初的意思是“逃亡”。它的甲骨文写作“[illegible]”，上面的“人”指的是一个人，下面为“乚”，像一个凹下去的土坑，表示人隐藏的地方，合起来就表示人藏在隐蔽的地方，躲过别人的追捕，也就是“逃亡”的意思。后来，“亡”不仅指“逃亡”，还引申出“灭亡”“死亡”等意思。

【字里字外】

春秋时期，晋国从虞国借道攻打虢国。但虞国和虢国是牙齿和嘴唇一样的邻居关系，晋国灭了虢国之后，把虞国也灭了。后来人们就用“唇亡齿寒”来比喻双方休戚相关、荣辱与共的关系。

【“亡”字的演变过程】

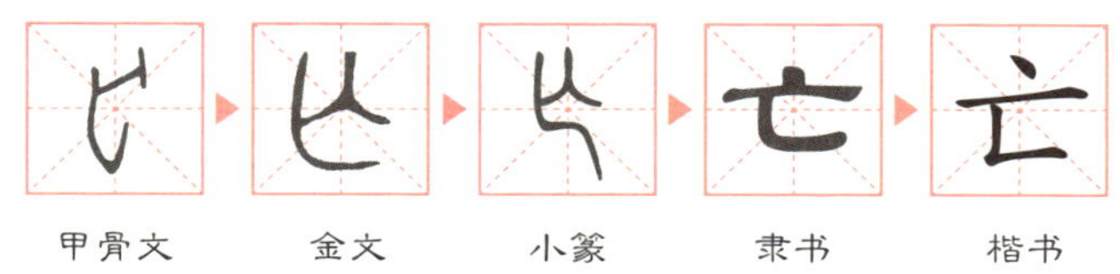

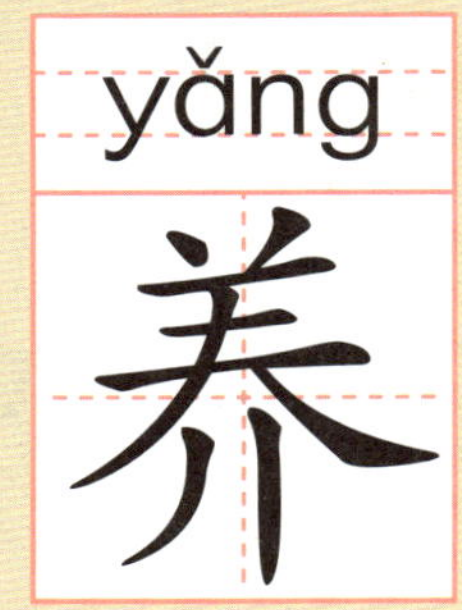

在古代，牧民大多过着游牧生活，以饲养牲畜为生。甲骨文“养”字（[illegible]）生动地表现了当时的游牧场景，左边的“[illegible]”是一只羊，右边的“[illegible]”表示手里拿着棍子驱赶羊群。小篆的“[illegible]”字仍然和羊有关，只是下面的部分换成了“食”字，说明当时的人饲养羊群的方法更加完备，不仅把羊赶到野外放牧，还会把羊圈养起来，以食物喂养。

【字里字外】

俗话说：“养兵千日，用兵一时。”这不只是在说打仗的事情。其实，不管是做什么，都需要通过长期准备，创造条件，才能在必要时一举成功。

【“养”字的演变过程】

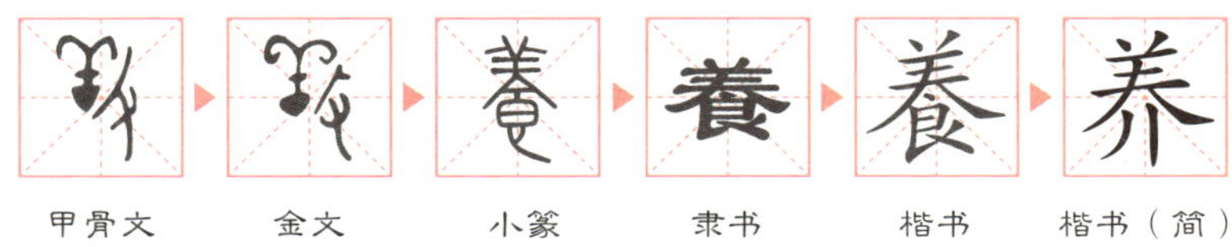

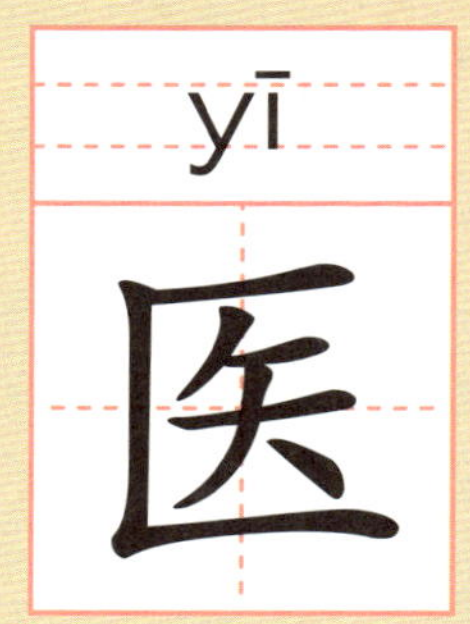

中国的医学博大精深，源远流长。从古代“医”字的构成，我们可以了解当时的医疗状况。“匚”是一个筐，里面装着“矢”，这是针灸疗法中常用到的器械。右边的“殳”是一个人手拿银针进行针灸的样子。后来，随着医疗技术的发展，人们学会了用药酒之类的汤药来治病，于是“医”字的下面又加入了表示汤药的“酉”。

【字里字外】

古时候，有位国君不相信自己有病，不听神医扁鹊的劝告。等到他的病发作起来，却连神医也救不了他。后来，人们把这个故事叫作“讳疾忌医”。

『"医"字的演变过程』

大家都知道，动物在饮水时都是弯腰低头、伸长脖子靠近水源的。其实，远古时期的人类饮用食物也常常是这样的姿势。“饮”字的甲骨文（）左下角是一个酒坛（），右边是一个站立的人（），这个人弯腰、低头，把舌头伸得很长，在尽情地饮用坛中的美酒。这个“饮”字不仅是一个符号，更像是一幅生动的饮酒图。

【字里字外】

鸩酒是一种毒酒，可是有人为了止渴，竟然把鸩酒喝了下去，结果一命呜呼。后来，人们用“饮鸩止渴”这个成语告诫大家，不要只求解决眼前困难而不计后果。

【“饮”字的演变过程】

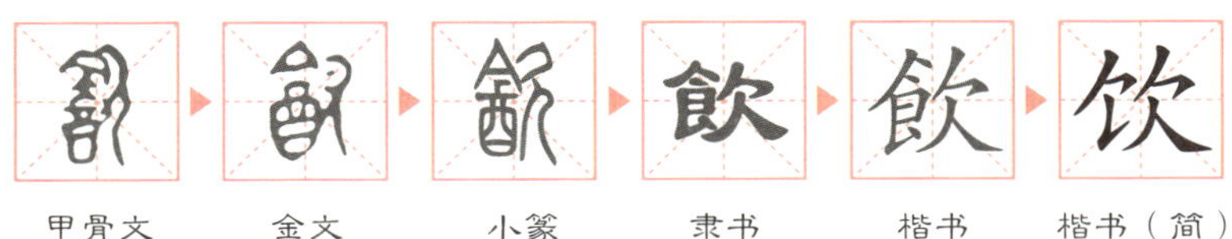

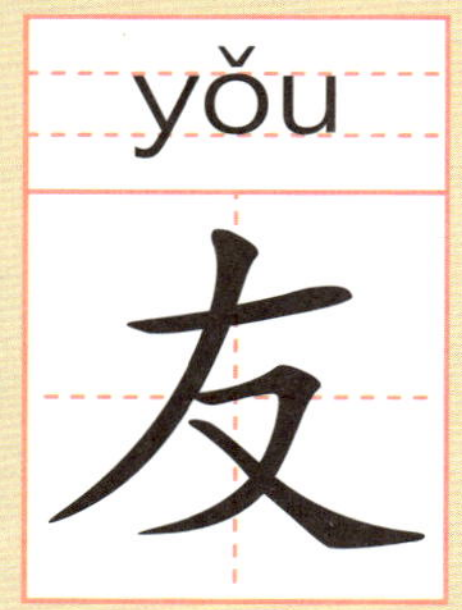

“友”指朋友。在甲骨文里，“𠬪”表示两只手靠在一起，好像老朋友相逢，两个人都伸出手来紧紧相握。金文的“[illegible]”和小篆的“[illegible]”都是手的象形，只是金文的“[illegible]”表示左右并排的两只手，而小篆的“[illegible]”成了上下叠加的两只手。现在我们看到的“友”字，上面那只手的模样变化很大，这样书写更加方便，形体也更美观。

【字里字外】

俗话说：“千金难买是朋友。”每个人都会有朋友，都离不开朋友的关心和帮助，朋友是我们巨大的精神财富。所以每个小朋友都要珍惜友谊。

【“友”字的演变过程】

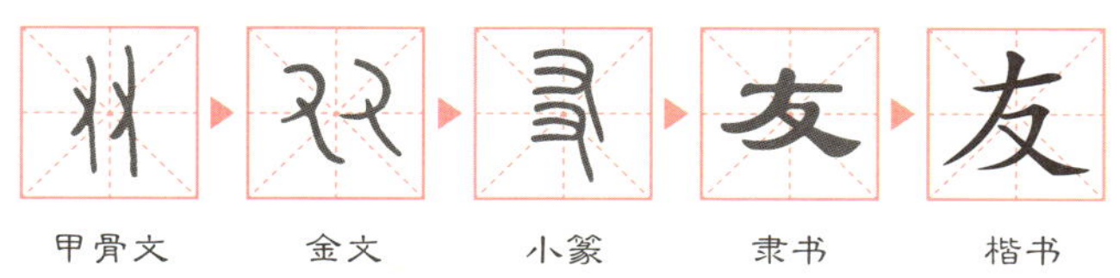

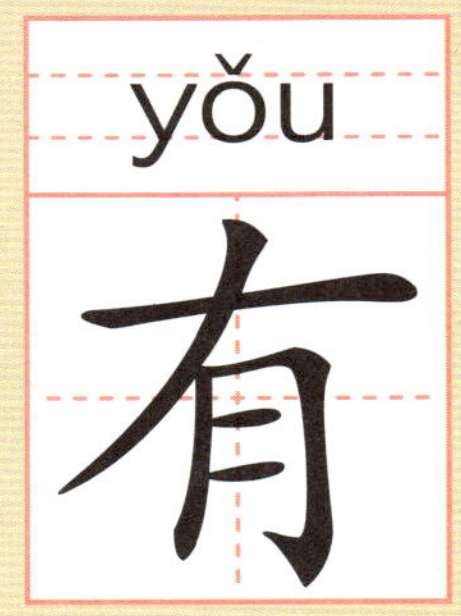

在古代，人们寻找食物非常困难，如果谁能弄到一块肉，是让其他人很羡慕的事情。所以，“有”虽然是个抽象的概念，在古代却表达得很形象。甲骨文“有”字（）上面的“”是一只悬臂下垂的手，手指还张开着；下面的“”是一块肉。手中有肉，“有”吃的了，也就有了生存下去的条件。

【字里字外】

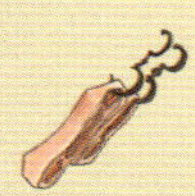

人们常说：“海纳百川，有容乃大。”一条条小溪从山川深处流来，渐渐聚集成江河，最后都汇入到大海的怀抱，为什么大海能够容纳这么多的河水呢？因为它具有广阔的胸怀！

『“有”字的演变过程』

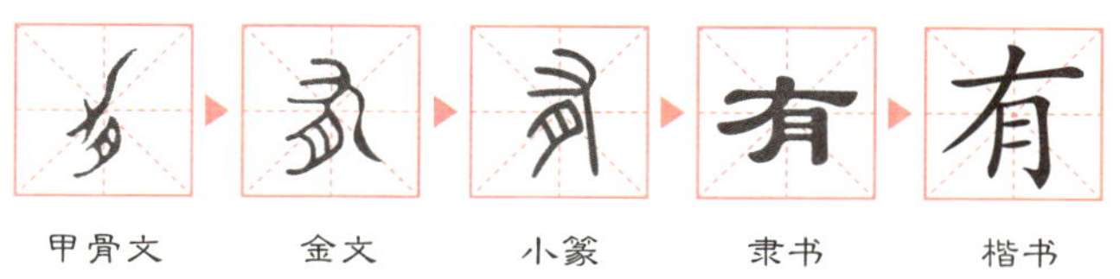

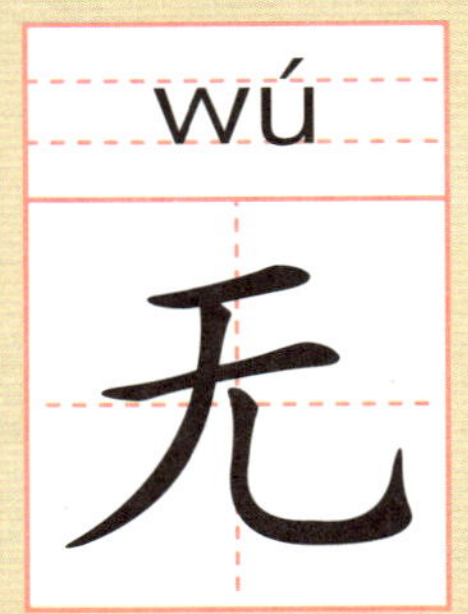

“无”字是个象形字，甲骨文写作“[illegible]”，看上去像一个人两手各执一个跳舞的道具在舞蹈。因此，“无”的本义就是指“舞蹈”。“无”字的小篆写作“[illegible]”，下部加上了“亡”，表示“没有”，因此，“无”字又引申出“没有”的意思，跟“有”相对。后来，“无”字“舞蹈”的本义被“舞”字所取代，现在常用的是它的引申义“没有”。

【字里字外】

人们常说“巧妇难为无米之炊”，就是说没有材料，再能干的主妇也做不出可口的饭菜。这句话常用来比喻事情要成功就必须满足所必要的条件。

【“无”字的演变过程】

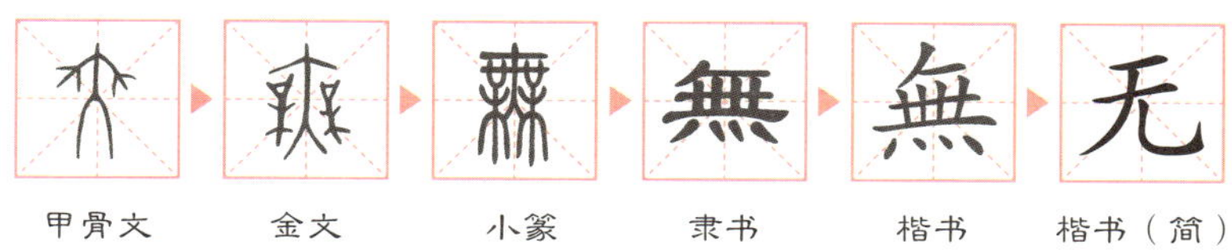

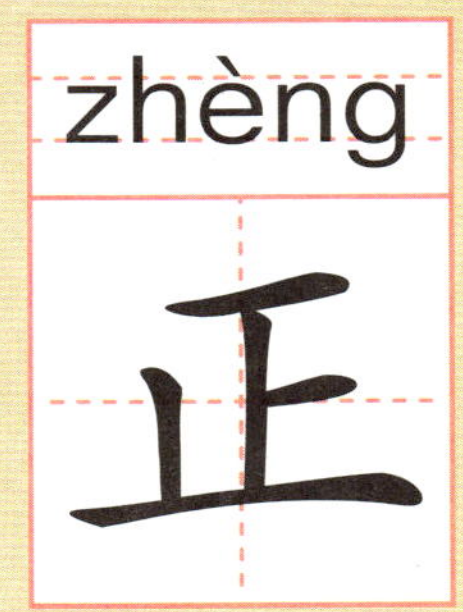

“正”的意思是不偏不斜。古人用会意和象形的方法造出了这个字。甲骨文“正”字（□）由“□”和“□”构成，“□”（止）在甲骨文里指脚趾，也可以表示行走，“□”是远处的一个目标物，用来指示前进的方向。“□”朝着“□”走过去，有了前进的“目标”，脚步不偏不斜，也就是“正”了。现在“正”还可以表示“正当”“正直”“纯正”等意思。

【字里字外】

俗话说：“身正不怕影子斜。”指的是只要人们做事情光明磊落，不偏不倚，行得正，走得直，就不用害怕别人在后面说三道四了。

【“正”字的演变过程】

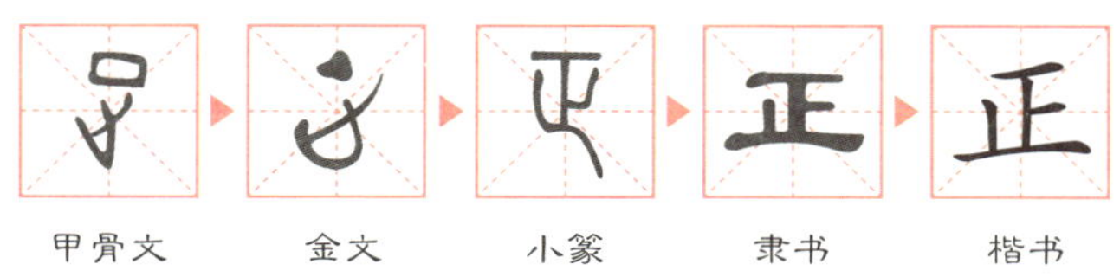

zhōng

钟

“钟”现在的主要意思是计时的工具，如“闹钟”。但古代“钟”字却有两种写法，表示两种意思：“鐘”（鐘）是指铜制的乐器，“鍾”（锺）则指铜制的盛酒器皿。两者都是用金属制成的，所以左边都为“金”（金）。小篆把“锺”和“鐘”都写作“鐘”（鐘），成为一个字。后来，人们把笔画很多的繁体“鐘”字和“锺”字都简化成了“钟”。

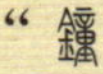

【字里字外】

古时候，贵族吃饭时都要敲响大钟，把盛食物的大鼎排列在饭桌前，非常讲究排场。所以，后来人们就用“钟鸣鼎食”来形容奢侈豪华的生活。

【“钟”字的演变过程】

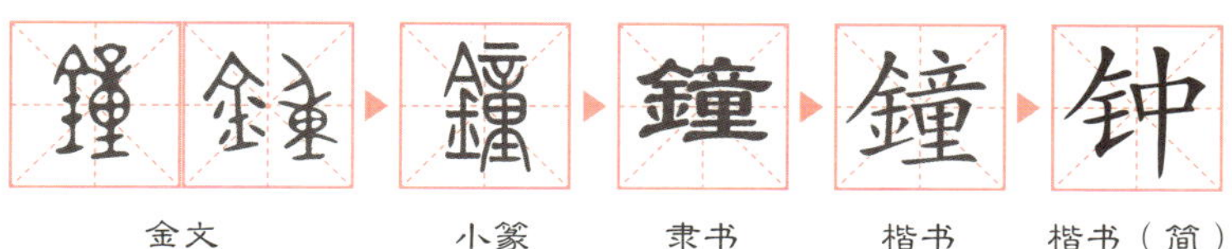

金文 小篆 隶书 楷书 楷书（简）

zhī

脂

“脂”字的金文写作“”，上部的“”（旨）在古代是味道鲜美的意思，下部是“”（肉），在这里表示有角动物的油脂。在小篆中，“脂”字变成了左右结构（），左边是“”（肉），右边是“”（旨）。“脂”字的本义是“有角动物的油脂”，后来又引申出“动植物所含的油脂”“胭脂”等意思。

【字里字外】

“民脂民膏”中的“脂”和“膏”本来指油脂和脂肪，在这里用来比喻劳动人民用血汗创造的劳动果实。这个成语多用于形容贪官污吏压榨人民来养肥自己。

『"脂" 字的演变过程』

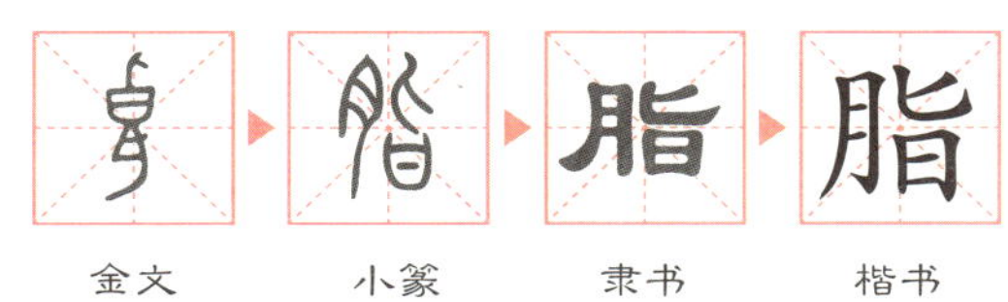

“自”是指“自己”。人们提到自己时，会不自觉地指指自己的鼻子。所以，“自”字的甲骨文（ ）很像一个人的鼻子，上部是鼻梁，下面有鼻孔，中间的两横为鼻纹。金文的“ ”和小篆的“ ”都有几分鼻子的模样，只是小篆下部的“鼻孔”消失了。现在的“自”字在小篆的形态上进一步简化，和鼻子的形状已经相差较远了。

【字里字外】

“自食其力”是指依靠自己的劳动养活自己；“自强不息”的意思是自己努力向上，不松懈。这两个成语都强调要依靠自己的能力，积极向上。

【“自”字的演变过程】

zuò

作

“作”字的甲骨文（ ）像一个个重叠的“V”字，让人想到古人的衣领。其实，“作”字的确与衣领有关。这其中包含着两层意思：一是古人用手工缝制衣服，“作”就是缝制、制作的过程；二是古人缝衣服从衣领开始，衣领代表缝制刚刚开始。所以，古汉语中“作”字又可以和“乍”同义，表示“开始”“起初”。

【字里字外】

古代打仗时用敲鼓来鼓舞士气。敲第一次鼓时士气最旺，敲几次之后，士气就逐渐降低了。所以，好的指挥官都知道要“一鼓作气”，利用第一次敲鼓的时机带领部队迅速歼灭敌人。

【“作”字的演变过程】

婴儿的身体非常娇弱，很容易受到伤害，所以身边要有大人保护才行。在古文字里，保护的“保”字表现的就是大人保护婴儿的样子。在甲骨文中，“[illegible]”就像一个手臂特别长的大人（[illegible]），搂抱着一个婴儿（♀），表示大人对婴儿关心备至，细心照顾的意思。现在，“保”字的意思范围更宽广，可以表示“保护”“保持”“担保”等。

【字里字外】

古代镖局在接受客商的委托后，便会派遣武功高强的人专门护送财物或者保护人的安全，我们把从事这种职业的人叫作“保镖”。

【“保”字的演变过程】

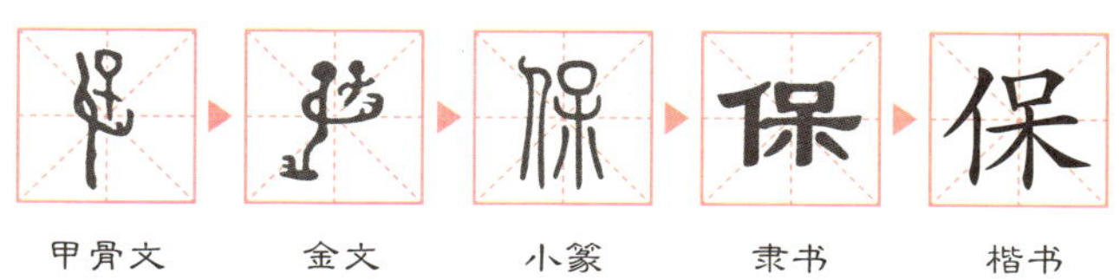

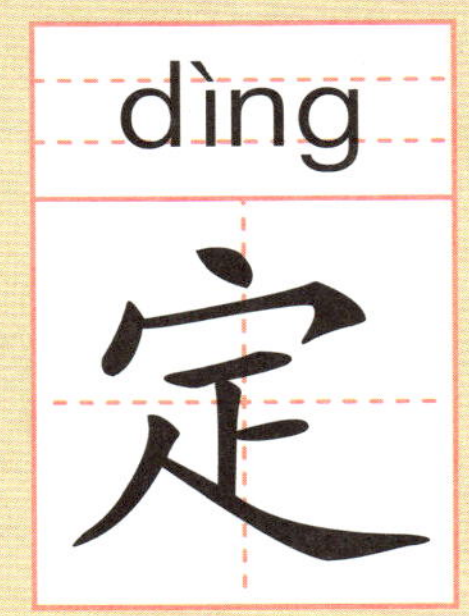

“定”字的甲骨文（[illegible]）很形象，它的上面是一间高大的屋子（[illegible]），屋子里有“[illegible]”，代指一个人。同时，为了突出这个人的双脚，下面还有一个表示脚的符号（[illegible]）。这个字合起来解读就是：一个人站在房中，足不出户，表示生活安定，这就是“定”字的本义。在金文中，“[illegible]”中间由“[illegible]”简化成了“一”，还是用来代指人。

【字里字外】

传说东海龙王有一根擎天大柱，名叫“定海神针”。后来，孙悟空向龙王要了它用作兵器。于是“定海神针”就成了人人皆知的“如意金箍棒”。

【“定”字的演变过程】

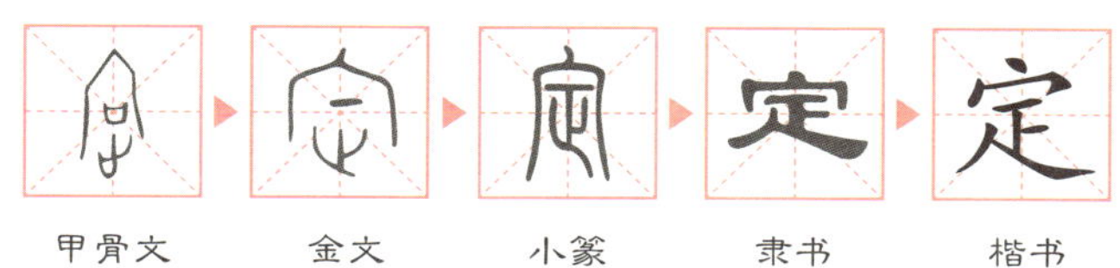

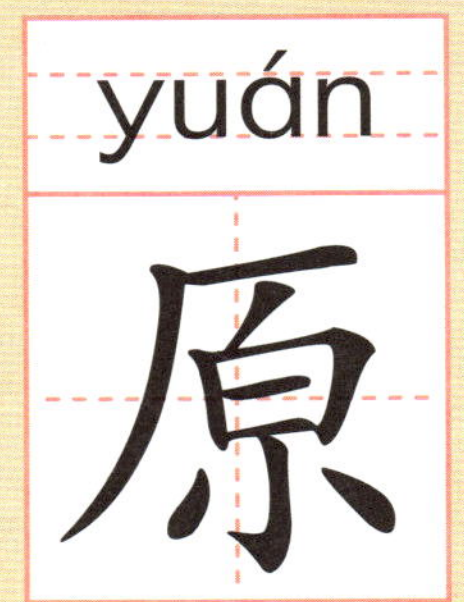

“原”字的本义是“源泉”。金文的“原”字（𠩵）上面的“厂”表示山崖，“泉”表示在山崖旁边有一股泉水流出来。根据它的本义，引申出了“水源”等意思，又因“水源”的水流平缓，引申为“平坦之地”，如“平原”。后来，人们在“原”字左边加上“氵”，造出了“源”字，表示“水源”“起源”的意思，而“原”字就只表示“平原”等意思了。

【字里字外】

“星星之火，可以燎原”是指一点小火星也可以把整个原野烧起来。比喻小事可以造成很大的改变，也比喻新事物开始虽然弱小，但有广阔的发展前途。

【“原”字的演变过程】

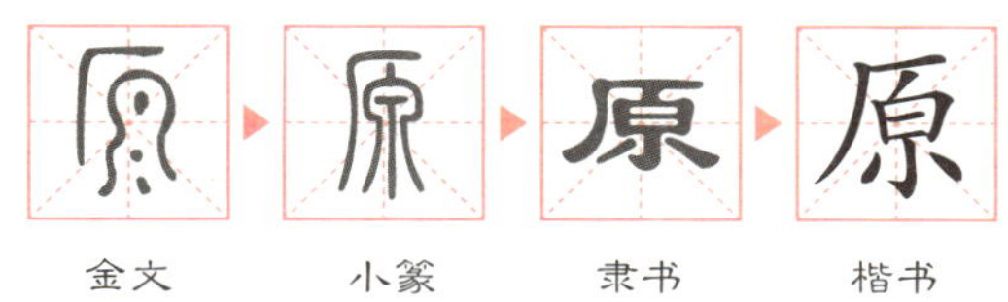

bēn
奔

“奔”字是“奔走”“急跑”的意思。金文的“奔”字写作“”，它的上面画的是一个两臂前后甩动、作快跑姿势的人（），“人”的下面加了三只脚（），以表示跑步的时候迅速而且急促。小篆“奔”字（）把三只脚改成了三丛草（），这样，“奔”字下面的脚趾形就看不出来了。

【字里字外】

“奔”字还可以读作“奔”。《嫦娥奔月》是中国著名的神话故事，相传神射手后羿的妻子嫦娥偷吃了灵药，变成了神仙飘往月宫，她再也下不来了，只好在月宫里过着寂寞孤独的日子。

【“奔”字的演变过程】

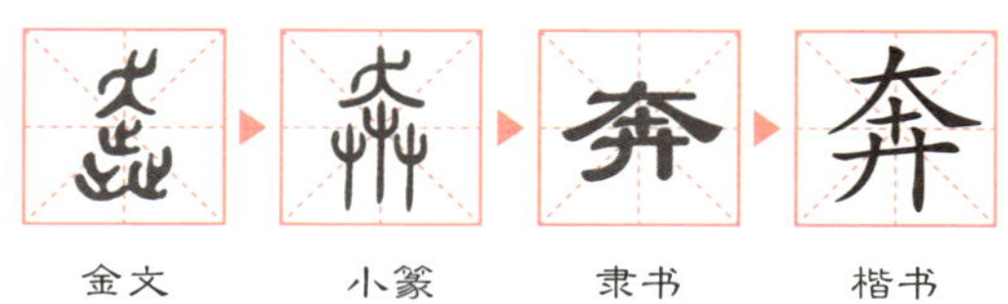

甲骨文“直”字像是一只目不斜视的眼睛（[illegible]），它的下部是一只横着的眼睛（[illegible]），上部有一条笔直的线（丨），以表示视线之直。“直”与“曲”相对，发展至今用法很广泛，既可以描绘物体的形状，如“挺直”等；也可以表现人的行为动作，如“直达”等；还可以形容人的品性道德，如“正直”等。

【字里字外】

“青云”指的就是天空，成语“青云直上”表示直接向天空而去，多用来比喻一个人的仕途顺利，官职、地位等上升得又高又快，官运亨通，飞黄腾达。

【“直”字的演变过程】

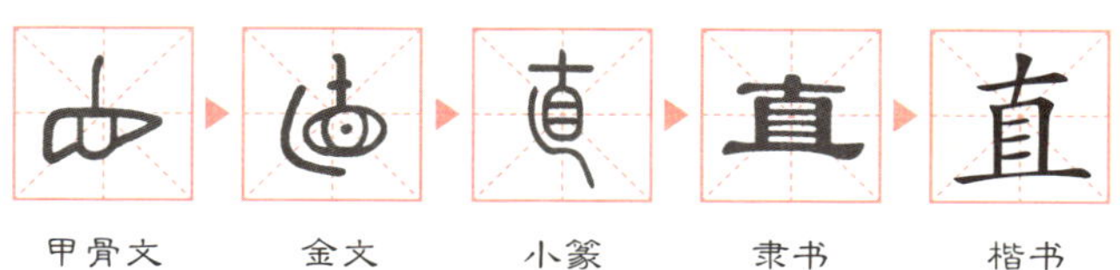

“只”表示“一个”的意思。它的甲骨文（ ）由两个部分组成，上面是一只鸟（ ），下面是手（ ），意思就是一只手逮住了一只鸟。在金文（ ）中，“只”字就更加形象了，“ ”就像一只活生生的小鸟，“ ”像一只伸长的手。“只”字的小篆（ ）没有金文那么直观，上面的鸟（ ）和下面的手（ ）虽然变得比较抽象，但还是手捉鸟的意思。

【字里字外】

古人打仗要用到马和战车，如果一场战斗结束后，连一匹马、一只战车轮子都没有返回，就意味着军队全部被消灭了。这就是成语“只轮不返”的含义。

【“只”字的演变过程】

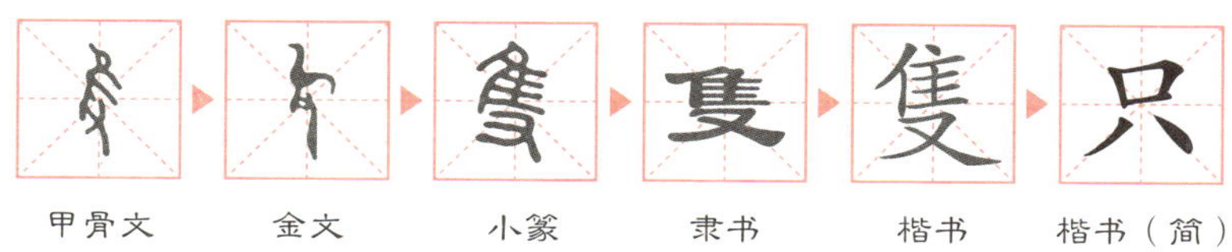

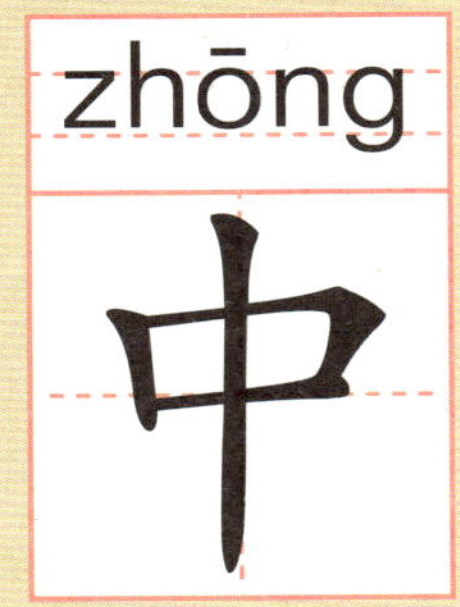

“中”的本义是“中间”。“中”字的甲骨文写作“𠁧”，像一面迎风飘动的旗子，向左弯曲的四条线是旗帜上的飘带，而旗杆中间的“口”形就表示“中间”的意思。金文“𠁧”由甲骨文演变而来，只是旗帜上的飘带向右边飘扬。小篆的“中”进一步简化，将飘带省掉了，这与现在的“中”字十分相似。

【字里字外】

农历八月十五，是中国的传统节日——中秋节。据说，八月十五的月亮比其他月份的满月更圆、更亮。每逢中秋节的晚上，人们都会仰望着天空的明月，盼望与家人团聚。所以，中秋节又称“团圆节”。

【“中”字的演变过程】

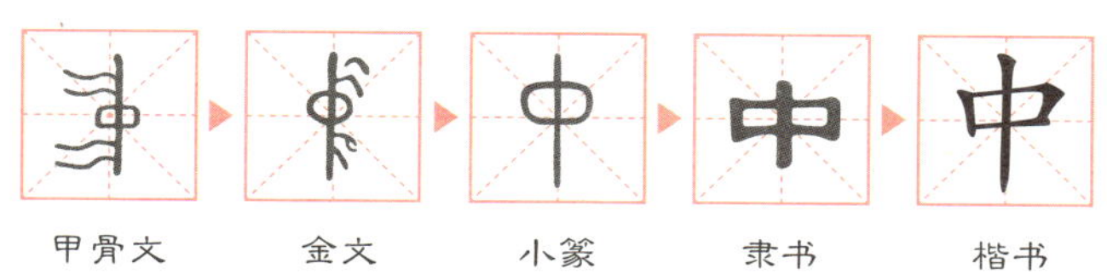

“成”的甲骨文写作“𢦏”，左下角的“丨”像一块长方形的物体，右边的“𢦏”就像一把长柄大斧。古代的人们订立约定的时候，有斩物为誓的习俗，所以用斧头斩物就表示“成盟”。很久以前，国家之间打仗，被打败的国家投降求和叫“行成”或“求成”，签订的和约叫“成”。现在，人们一般用“成”来表示“成功”的意思。

【字里字外】

“成语”是语言中经过长期使用、锤炼而形成的固定短语。它主要来自历史故事、寓言故事、神话、传说以及古典文学作品。

【“成”字的演变过程】

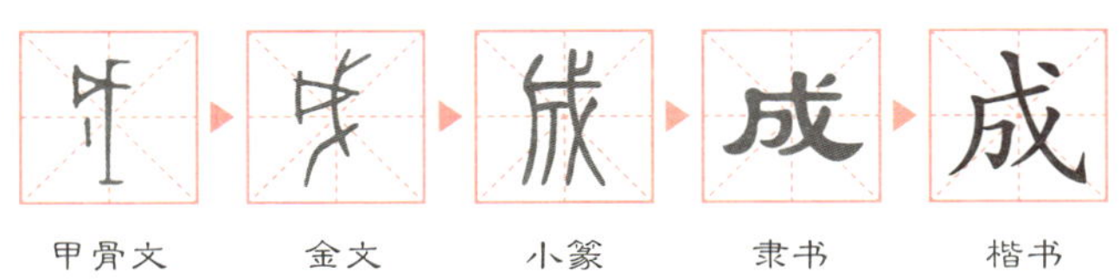

“败”字的本义专指“破坏”。在甲骨文中，“败”字写作“”，左边是“”，像两只张开的贝壳，右部下方是一只手（），手里握着一根木棍（），正要把左部的“贝壳”（）击碎。从“败”字的甲骨文字形可以看出，“败”字含有“击毁”的意思。后来，“败”字还引申出“衰落”“凋残”“打败仗”等意思。

【字里字外】

东晋时期，大将谢玄打了不少胜仗，他正想乘胜追击，皇帝却听信奸臣的谗言，命令谢玄收兵，使他“功败垂成”。后来，人们便用这个成语形容事情在即将成功的时候失败了。

【“败”字的演变过程】

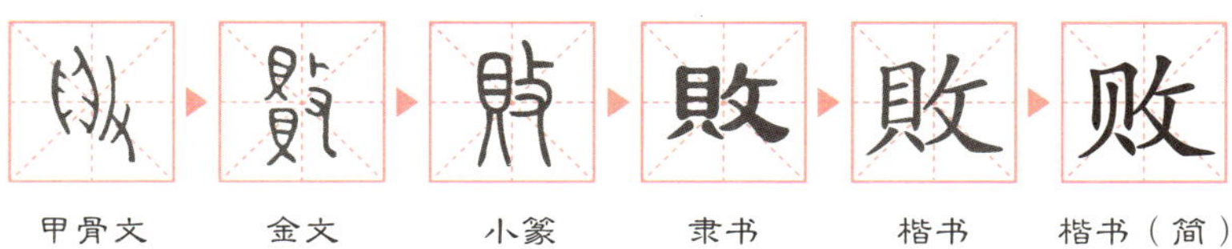

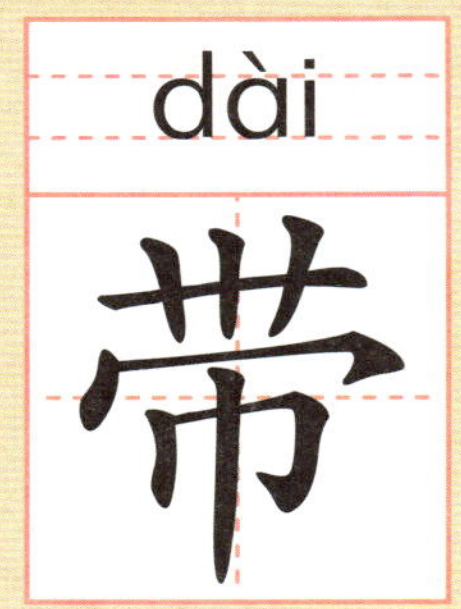

中国早期的服装是不用纽扣的。为了不使衣服散开，人们便在腰部系上一根腰带。“带”字是象形字，金文“带”字（[illegible]）很像一条两头下垂的长带子，上下有缨头，中间呈弯曲形。在小篆里最为形象，“带”字写作“[illegible]”，上面的“卌”表示束在腰间的一根带子和用带子的两端打成的结，下面的“[illegible]”像垂下的缨头，起到装饰的作用。

【字里字外】

因为带子的形状是长条形的，所以人们也把地理上呈长条状的区域称为地带。地球上按照纬度的不同，大致可以分成热带、温带和寒带三种地带。

【“带”字的演变过程】

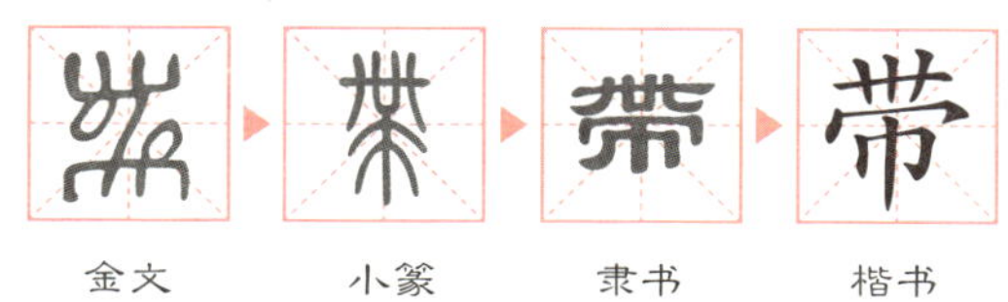

dé

得

远古时期，贝壳被当作买卖东西时使用的货币，非常珍贵难得。如果谁有幸得到了一个贝壳（），当然会紧紧地拿在手（）上，所以，甲骨文“得”字（）最初就是“手拿贝壳，获得钱财”的意思。演变到金文，人们在“”的基础上又加入表示供行走的道路（），表示得到贝壳之后赶紧拿着走了，这样，“得”字的形状就基本完备了。

【字里字外】

成语“不入虎穴，焉得虎子”的意思是，不进入老虎居住的洞穴，怎么能够捉到小老虎呢？这个成语比喻不经历艰险，就不能获得成功。

【“得”字的演变过程】

“德”字的甲骨文写作“[illegible]”，左边的“彳”表示行动的意思，右边是一只眼睛（[illegible]），眼睛上面有一条垂直的竖线（丨），表示直射的目光。“行为正”和“目光直”结合起来才是“德”。金文在眼睛（[illegible]）下面加了一颗心（[illegible]），“德”的要求就更高了，只有“行为正、目光直、心也正”才可以称为“德”。

【字里字外】

古人非常注重道德品质的修养。德高望重的人会受到其他人的尊重，在重大事情的决策上也会得到大家的拥护。所以，要成为集团的首领，首先必须是一个品德高尚的人。

【“德”字的演变过程】

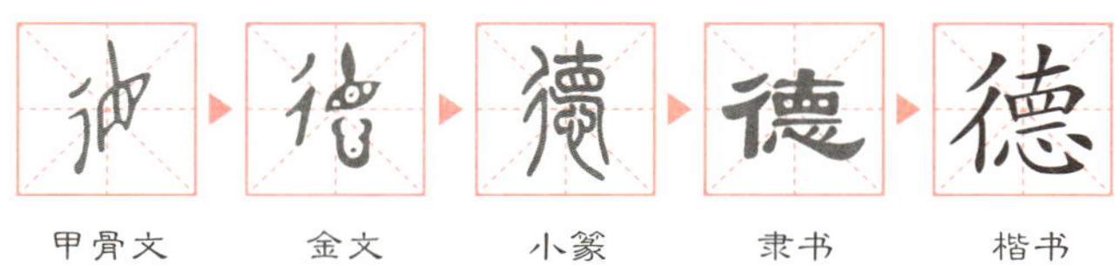

“反”现在的意思是“相反”。但在造字之初，“反”的意思却是“攀援”。在甲骨文中，“反”写作“[illegible]”，上面的“厂”表示悬崖，下面的“[illegible]”表示手，合起来表示“用手攀援山崖而上”的意思。因为古人把“手心对着自己”称为“正”，而在攀援的时候，手心是要翻转向外的，所以，“反”字也就引申出了“相反”的意思。

【字里字外】

有些人喜欢耍小聪明，做事的时候总是投机取巧，这样的人常常“聪明反被聪明误”，没有好下场。所以我们做事情，一定要脚踏实地，一步一个脚印。

『“反”字的演变过程』

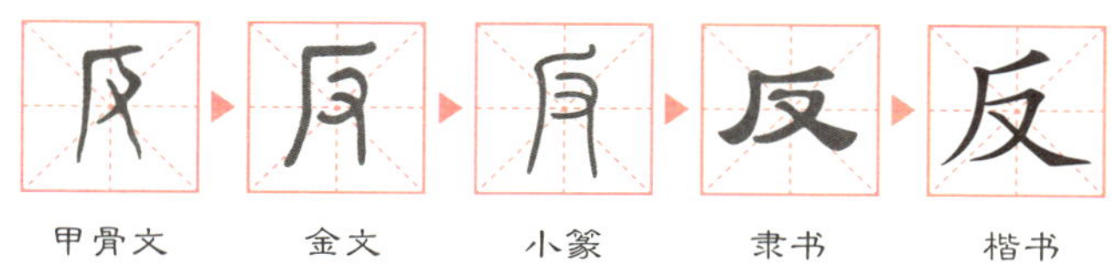

要了解古代的“丰”字，得先从“豆”字说起。“豆”原来并不是指豆子，而是一种装食物的器皿，它的形状是“[illegible]”。在“豆”这个器皿里装上各种各样的食物（[illegible]），显得很丰盛，所以就成了“丰”（[illegible]）。繁体的“丰”字虽然表达出了丰富、丰盛的意思，但是笔画太多，于是人们又把它简化成了“丰”。

【字里字外】

古时候，我国主要农作物是稻谷、黍、粟米、麦子和大豆，合称为“五谷”。“五谷丰登”是农民的最大心愿。所以每到过年的时候，人们便在大门上贴上大红对联，祈求来年谷物丰收。

【“丰”字的演变过程】

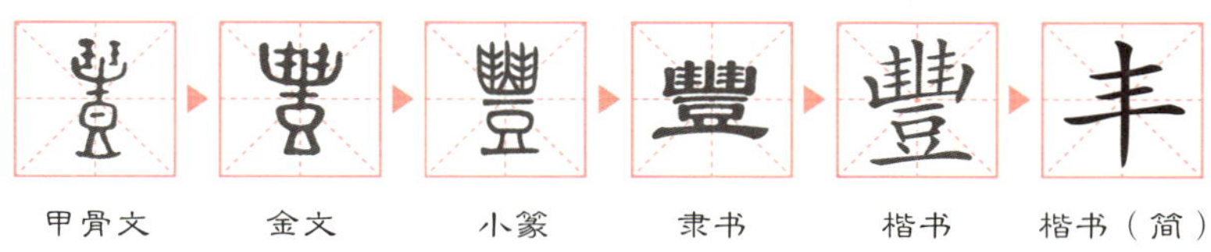

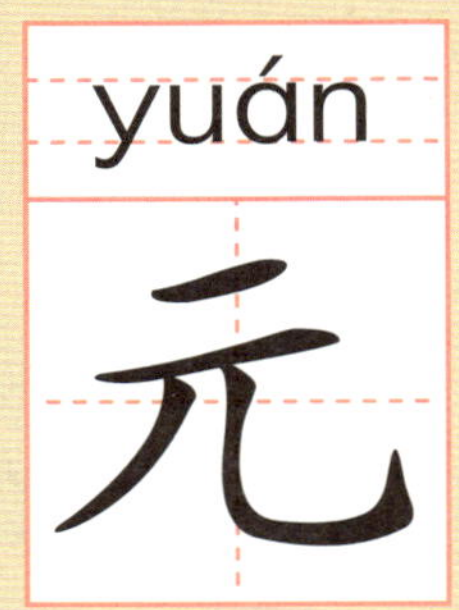

“元”字的本义是“头”。“[illegible]”是上古图形中的“元”字，是一个人的形象，而且特别强调了头部。甲骨文的“元”字写作“[illegible]”，这是人们为了方便在甲骨上刻写，把又圆又大的头部变成了一横，并在上面多加一横表示强调。现在，“元”字的本义基本不用了，但引申出的意思很多，例如可以表示“为首的”（如“元首”）、“主要的”（如“元音”）等。

【字里字外】

我们说人说事，都得从“头”说起，所以“元”又有“开始”“第一”的意思。因此一年的第一天叫“元旦”，第一个月叫“元月”，古代帝王改年号的第一年叫“元年”，科举考试第一名叫“状元”。

【“元”字的演变过程】

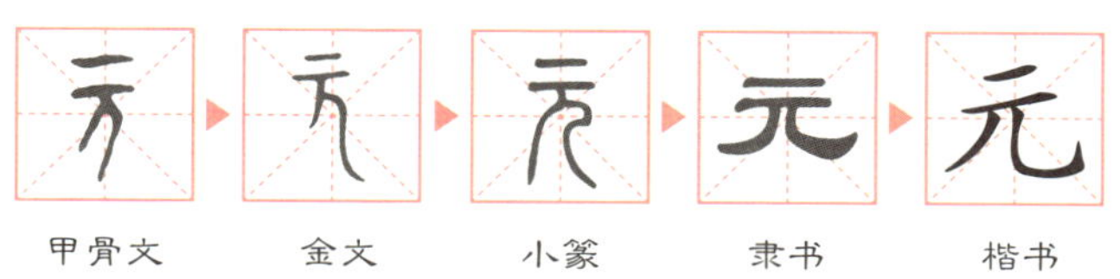

老师经常教导我们要“知错就改”，古人是怎么造出“改”字的呢？其实古人造“改”字跟教育有很大的关系。“改”字的甲骨文写作“”，左边的“”像一个跪着的小孩儿，右边的“”像一只拿着鞭子的手，意思是说用鞭子打小孩儿，以教导小孩儿改正错误。所以“改”字的本义是“改正”“改变”的意思。

【字里字外】

古语云：“人非圣贤，孰能无过？知错能改，善莫大焉。”意思是说，人难免都会犯错误，但如果能改正错误，最大的善也莫过如此了。可见，犯错误并不可怕，关键是要认识错误，并及时改正错误。

【“改”字的演变过程】

“公”字是一个会意字。它的甲骨文（[ancient form]）下面是“口”，金文（[ancient form]）下面也是“口”，都是表示某一样东西。上面的“八”，表示把这个东西平分，不偏不倚，不多不少，这就很公平了。因为“公”有“公平”“无私”的意思，所以后来被统治者占用，一国之君称为“公”，诸侯之子称为“公子”，“公子”的儿子称为“公孙”。

【字里字外】

叶公很喜欢龙，但见到真龙时他却害怕极了。后来，人们就用“叶公好龙”来形容对外假装自己很爱好某样事物，其实私底下根本就不喜欢。

【“公”字的演变过程】

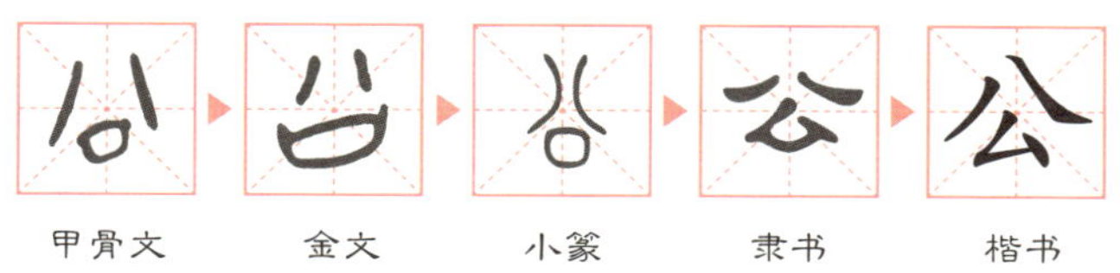

“金”字是个会意字，它的金文写作“[illegible]”。右边上部的“[illegible]”是个箭头，其下的“[illegible]”是把斧子，左边的两个小黑点是冶炼的金属块，表示箭头和斧子是由金属制作而成的。“金”字的本义不是指黄金，而是指青铜一类的金属。后来，“金”字由“金属”的意思引申，专指“黄金”，由“黄金”又引申出了“贵重”的意思。

【字里字外】

黄金是非常贵重的物品，所以后人多用“金”字来表达“贵重”的意思。例如，成语“金碧辉煌”就是用来形容建筑物或陈设等华丽精致，光彩夺目。

【“金”字的演变过程】

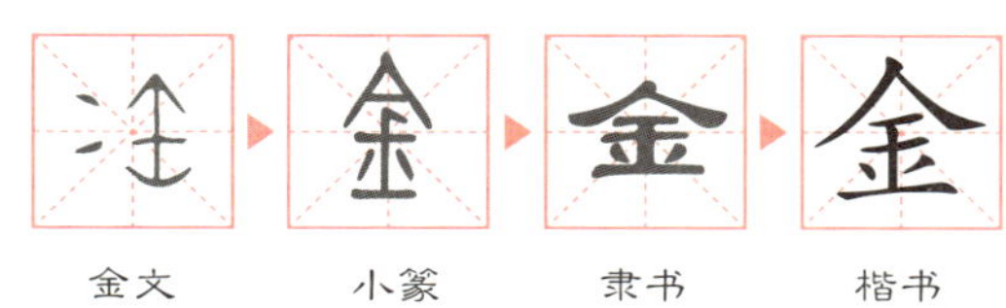

“开”字原为会意字，其本义是指“开门”。金文“开”字（開）外面的“門”表示两扇大门，里面的“一”是指一个门闩，门闩下面的部分（廾）是一双高高举起的手，表示用双手打开门闩。这样，“开”字的意思就很鲜明地在字形上表现出来了。后来，由“开门”引申出了“打开”“开通”等意思。

【字里字外】

西汉名将李广外出打猎，他对准一只“老虎”射了一箭，走近时才发现那只是一块很像老虎的石头而已，而那支箭却把石头射得裂开了。这就是“精诚所至，金石为开”的典故，比喻只要专心致志，看似不可能的事情也能完成。

【“开”字的演变过程】

门如果只是两扇门板而没有门闩的话，就不能把门关牢，所以古人发明了门闩，作为一个可以活动的插销，插在门内。在金文里，“关”字写作“閞”，“[illegible]”就像装在门上的门闩，而“关”字的本义指的就是门闩。后来“关”字的字义得到扩展，由名词引申为动词，表示“关闭”的意思。

【字里字外】

古时候的统治者会依靠有利的地理条件，在交通险要的地方设立关口，并在关口驻兵，严加守卫，以防御敌人的进攻。如“嘉峪关”“居庸关”等，都是中国历史上有名的边关要塞。

【“关”字的演变过程】

中国文字的发展与演变

你知道中国最古老的文字是什么吗?

目前所知道的中国最早的有系统的文字是古人刻在龟甲和兽骨上的文字，叫作甲骨文。

为什么古人要在龟甲和兽骨上刻字呢?这是因为古人敬畏自然和神灵，认为天地神灵有神秘不可知的力量，所以要先问过这些神灵的旨意，才能安心做事。

古人怎样问神灵呢?其实就是采用占卜的方式。但这个过程有点儿复杂：先要把龟甲兽骨洗干净，切成适当大小，再磨平、磨光，然后在背面凿出一条条的小沟槽，沟槽旁再钻一个个小小的圆穴，沟槽与小圆穴都凿得很薄，不能穿透。这些处理好的龟甲兽骨先交由掌管占卜的人保存。等到挑了良辰吉日要开始占卜时，就把这些甲骨拿出来，用火去烧小圆穴，甲骨便会有很多裂纹出现，这些裂纹就叫作“卜兆”。然后古人就会根据裂纹的形态来判断吉凶祸福，并把要卜问的事刻在甲骨上，这就是甲骨文。

甲骨文一直到清朝末年才被人们发现，那时还被中药铺拿去当成药材使用呢！这种药材的名字就叫“龙骨”。

文字演变到商周时期，就成了金文。

金文就是刻在铜器上的文字，因为古人把“铜”称作“金”，所以这些文字被称为“金文”。又因为用铜铸成的钟、鼎等礼器受到人们的重视，所以这一类文字也称“钟鼎文”。

甲骨文的特点是笔道细、直笔多、转折的地方多是方形；而金文有所不同，金文的笔道又肥又粗，而且弯笔比较多。

到了春秋战国时期，因为诸侯国想要称王，问鼎中原，所以连年征战，文字的传播也受到阻碍，各个小国的文字形体演变都不相同。

一直到秦始皇统一中国，他才接受丞相李斯统一文字的建议，把秦

国原来使用的“大篆”稍加改变，让文字的结构和笔画更加稳定，然后向全国推行这套文字，这就是“小篆”。因为“小篆”发源于秦国，所以又被后人称为“秦篆”。

小篆流行到西汉末年就逐渐被隶书所取代了。但由于小篆字体优美，一直被书法家们所青睐。又因为小篆的笔画复杂，形式奇古，所以在印章刻制上，尤其是需要防伪的官方印章，一直采用篆书。

“隶书”就是由小篆简化演变过来的，因为秦朝的官员公务繁忙，要抄写的案卷太多，就把小篆圆润的笔画改成方折的笔画，这样的改变能加快书写速度，而改变之后的字体也保留下来，变成了“隶书”。

汉字演变到隶书，加快了书写速度，但造字原则也被严重破坏，很多字因此看不出原本造字的原理了。

但是，隶书的字体扁平、工整、精巧，尤其发展到东汉时期，撇、捺等笔画向上挑起，具有书法艺术美。因此，隶书的出现是汉字的一次大改革，使中国的书法艺术进入了一个新的境界，奠定了楷书的基础。

隶书流行不久后，“楷书”出现了。楷书的“楷”字，就是楷模、模范的意思。因为它的字体方正、笔画平直，可以当作楷模，所以也被称为“真书”“正书”。

到目前为止，楷书仍然是标准字体，也是人们常见的字体。

至于草书和行书，则是为了方便书写而演变出来的字体。“草书”就是指草写的隶书，形成于汉代。“行书”则介于楷书和草书之间，不像楷书那样端正，也不像草书那样潦草，是日常使用的一种字体。

了解了中国文字的演变过程，对于我们现在所使用的汉字，你有没有觉得更亲切呢？它们可是我们的祖先从很早很早以前传承下来，留给我们的无价之宝！

◎中国文字的演变过程：

甲骨文 → **金文**(钟鼎文) → **篆书** → **隶书** → **楷书、草书、行书**

图书在版编目（CIP）数据

有故事的汉字：当当订制版. 第二辑 / 苏真编著. — 青岛：青岛出版社, 2016.7
ISBN 978-7-5552-1420-5

Ⅰ. ①有… Ⅱ. ①苏… Ⅲ. ①汉字 – 儿童读物 Ⅳ. ①H12-49

中国版本图书馆CIP数据核字（2016）第162803号

书　　名　有故事的汉字（第二辑）·贰
编　　著　苏　真
出版发行　青岛出版社
社　　址　青岛市海尔路182号（266061）
本社网址　http：//www.qdpub.com
邮购电话　13335059110　0532-68068026
策划组稿　刘克东
选题优化　谢　蔚
责任编辑　刘克东
封面设计　咸青华
绘　　画　银河动漫创作工作室
插图优化　阅优文化
装帧设计　通感工坊
制　　版　青岛乐喜力科技发展有限公司
印　　刷　青岛炜瑞印务有限公司
出版日期　2016年8月第1版　2018年1月第4次印刷
开　　本　32开（890mm × 1240mm）
印　　张　12.75
字　　数　300千
书　　号　ISBN 978-7-5552-1420-5
定　　价　60.00元（全3册）

编校印装质量、盗版监督服务电话：4006532017　0532-68068638
本书建议陈列类别：儿童读物

苏　真　编著

作者的话

一个深深陶醉于中国文字之美的人，曾许下心愿，要将这份对文字的诚挚之爱传递出去。《有故事的汉字》就是一颗经由美好心愿孕育出来的种子，希望这颗种子可以传播出去，在小读者的心中生根发芽。

写给小朋友的话

你知道在文字发明以前，古人是怎样传递信息的吗？

在很久以前，人们曾经用在绳子上打结的方法来记录事情。比如说：甲村落跟乙村落订下契约，一年后乙村落要送五只羊给甲村落，双方就各拿一段一样长的绳子，在绳子上相同的地方打上五个同样大小的结，等时间到了，双方再拿绳子共同回忆这些绳结表示的意思。

不过这样很不保险，因为所有的事情都用绳结来记，虽然绳结有大有小，打结的地方也不一样，可日子久了，也很难保证每段绳结代表的意思都记得准确无误。

另外，人们还用画画的方式来传递信息，可是这也不是一个很好的方法，因为一幅画要用较大的空间、花很长的时间来画，而且也不是每个人都很会画画，万一想画老虎，画出来的却变成猫，反而把信息传递错了！

幸好，人类还是很聪明的，他们发明了简笔画，就是把物体的样子画一个大概，使别人能够知道是什么意思就可以了。

可是大家的简笔画却画得不太一样。以太阳来说吧，有人喜欢画一个圆圈，有人在圆圈里加上一点，还有人不

但在圆圈里加一点，圆圈周围还要画上万丈光芒，这可怎么办才好呢？

别急！当碰到众人意见不同时，总该有人出来统一，那个人呢，相传就是黄帝的史官，名叫仓颉。

后代子孙根据仓颉统一的这些汉字，发现了汉字的创造规则，并将汉字分为象形字、指事字、会意字和形声字等。

象形字，就是按照物体的样子来画。像“木”这个字，最初画的是一棵叶子掉光，只剩树干的树——“”。

指事字呢，就是要指出这个物体的重点所在。例如刀刃的“刃”字（），是在一把刀上加一点，那一点就是要特别指出这把刀的刀刃很锋利！

会意字又是什么呢？就是你看了这个字，然后脑袋中想一下就可以知道它表示什么意思。例如，“休息”的“休”字（），画的就是一个人（）靠在一棵大树（）下休息，是不是很容易理解呢？

最后说到形声字。你听说过“有边读边，没边读中间”的说法吧？汉字有百分之九十是形声字，形声字一部分是形旁，表示它的意义；一部分是声旁，表示它的读音。例如，唱歌的“唱”字，唱歌是用嘴巴唱的，所以就有了“口”作为形旁，旁边的“昌”是不是跟“唱”的发音很相近呢？

你开始觉得汉字有趣了吧？那就让我们翻开这本书，来了解更多的关于汉字的奥秘吧！

contents 目录

“广”字的甲骨文写作“”，它是一个形声字。这个字外面的“”像一间大房子，而里面的“”则是一个“黄”字，用来表示读音。“广”本来是指四周没有墙壁的大屋子。一个屋子没有墙壁，人们就可以看得更远、更宽阔。因此，“广”字后来就引申为“广阔”“宽阔”的意思。

【字里字外】

广东、广西的名称是有来历的。宋朝时期以岭南中段为界，岭东地区称“广东”，即今天的广东名称的由来；岭西地区称“广西”，即今天广西名称的由来。

【“广”字的演变过程】

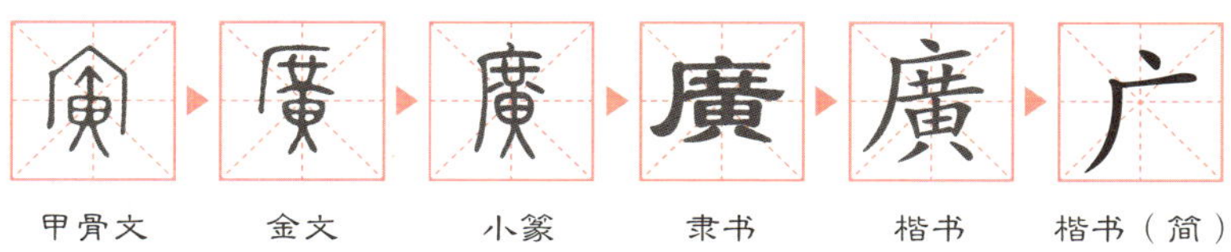

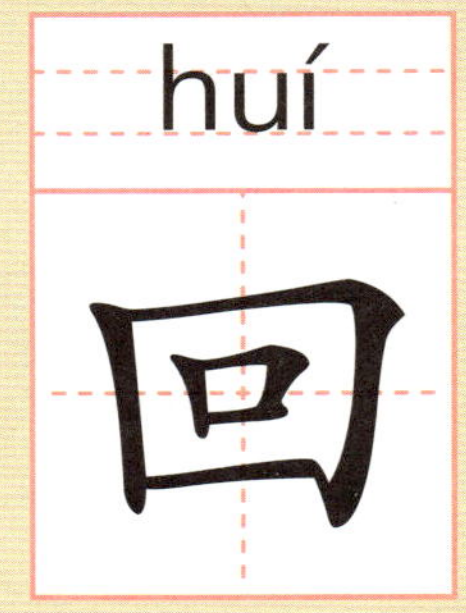

水流湍急的地方容易出现漩涡。“回”字的甲骨文（ ）看上去就像漩涡状的波纹。因为这个波纹是旋转的，所以“回”字表示“回旋”的意思。在小篆里，为了使文字书写起来更加方便，“回”字变成了大口套住小口的形状，把水纹形状的“ ”写作了“ ”。现在“回”字主要表示“从别处到原来的地方”，如“回家”“回国”等。

【字里字外】

唐玄宗的妃子杨贵妃是古代的四大美女之一。唐朝诗人白居易曾用诗句“回眸一笑百媚生，六宫粉黛无颜色”来形容她的千娇百媚，美丽非凡。

『“回”字的演变过程』

“获”字的本义是“捕获”，它的甲骨文（ ）上部是一只鸟（ ），下部是一只手（ ），表示用手去抓鸟。“获”字的小篆写成“ ”，鸟（ ）的头上增加了两个羽冠（ ），并在左边增加了一个“犬”字（ ），表示带着狗捕鸟。后来，人们把猎获野兽称为“獲”，把收获庄稼称为“穫”。但在对汉字进行简化时，这两个字都统一为“获”。

【字里字外】

“不劳而获”是指自己不劳动而取得别人的劳动成果。做事情不要总想着不劳而获，要想有收获，就得有付出。我们应该从小就养成勤奋、努力的好习惯。

『“获”字的演变过程』

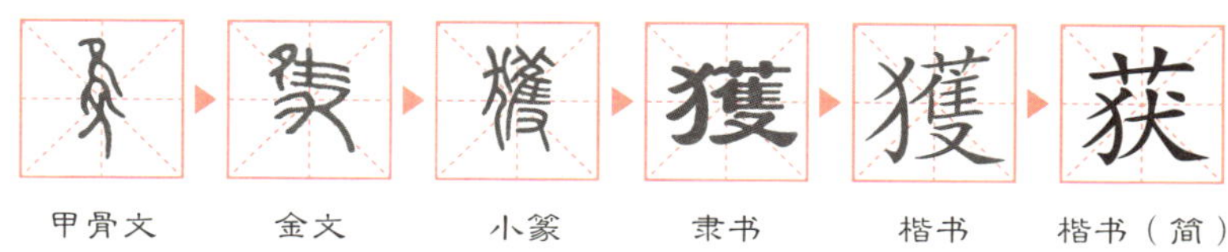

“吉”就是“吉利”“喜庆”的意思。古人在造字的时候很形象地描绘了这样一个场景：在供桌（⊔）上放着用器皿盛满的食物（合），这些食物是用来招待客人的，说明家里有喜庆的事情，大家都来道贺。后来“吉”字的字义引申为“美好”的意思，例如，把好人叫“吉人”，喜事叫“吉事”。

【字里字外】

古人敬畏自然和神灵，相信如果在“吉时”做事情就会一切顺利。尤其是在婚嫁时，更要选择吉日吉时。这个习俗一直延续下来，现在很多人办喜事或者其他重要的事情都会选择“吉日吉时”。

【“吉”字的演变过程】

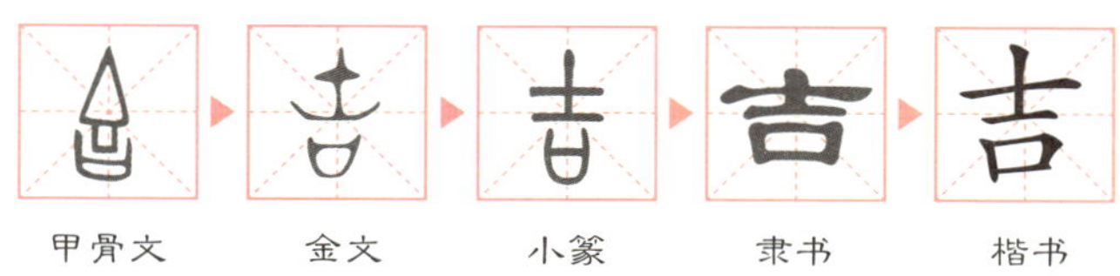

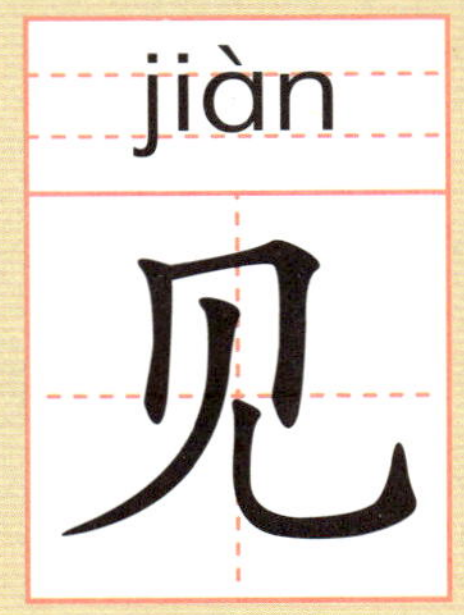

“见”是“看到”“看见”的意思。在甲骨文中，“见”字（[illegible]）是一个人的形象，他面朝左边跪地而坐。为了强调“见”和眼睛有关，“见”字的上部不是人的整个头部，而是有重点地选取了一只大大的眼睛。金文“见”字（[illegible]）中，人形已经站立起来，所见的范围更加宽广，大眼睛里也加上了眼珠，“看东西”的意思也就表达得更明确了。

【字里字外】

古人曾说：“一日不见，如隔三秋。”意思是：如果非常想念一个人，盼望能够马上见到他，就会觉得过一天就像过三年那样漫长。

【“见”字的演变过程】

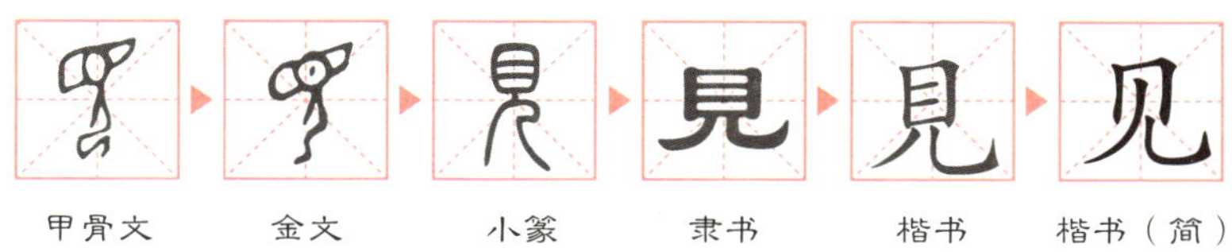

各行各业都有很多著名的能工巧匠，而在上古的时候，只有木匠才被称为“匠”。“匠”字在最初时写作“匠”，“斤”是一把斧子，代表木匠用的工具，“匚”是用来装木匠工具的方口箱子。后来，“匠”的意思扩大化，具有专门技术的人都可以称为“匠”。因为工匠们做事细腻精巧，所以，后来也把精巧的心思称为“匠心”。

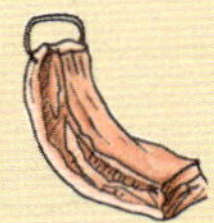

【字里字外】

鲁班被尊奉为中国木匠的祖师。相传他不仅发明了锯、刨、钻等工具，而且技艺高超。他用竹片、木料做成的木鸢，能在天上飞三天而掉不下来。

『“匠”字的演变过程』

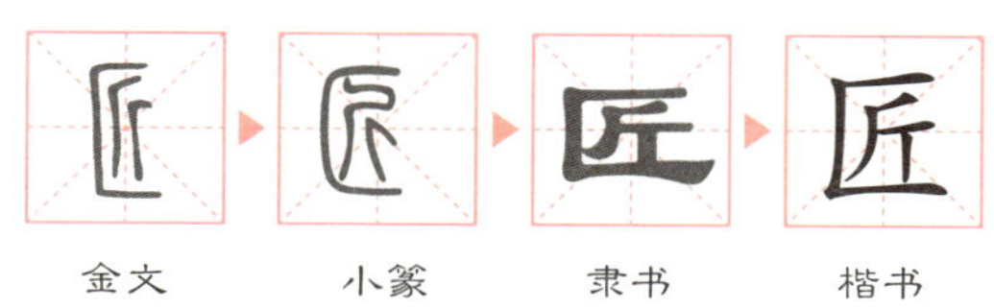

古汉字里有很多以“人”作为基本形态的字，但是这些字各有侧重，因而表达的意思也各不相同。甲骨文中的“交”字（ ）也是一个以“人”作为原形的字，它表现的是一个正面站立的“人”，这个人的双腿交错，好像在欢快地舞蹈。这交错的双腿就是整个字的重点，它生动地表现了“交叉”“交错”的意思。

【字里字外】

人们通常把学识渊博、品德高尚的人称为君子。君子与人交往时，不会刻意巴结奉承，不会追逐名利，只会在平平淡淡的交往中显现出真诚，所以人们常说“君子之交淡如水”。

【“交”字的演变过程】

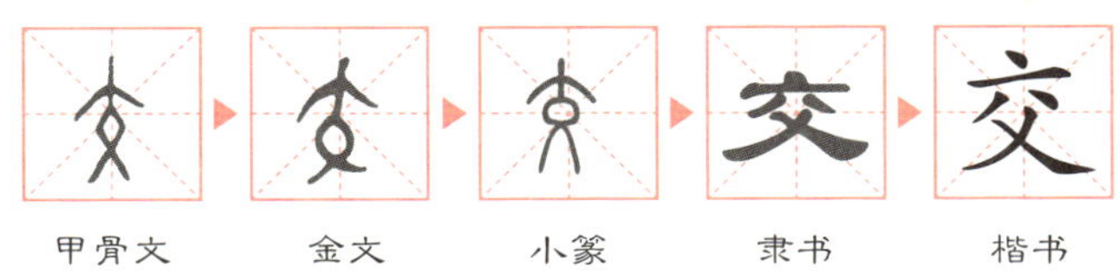

“教”字是一个既会意又形声的字。在甲骨文中，“教”字（𡥈）中的“爻”（爻）是一种卦象，表示无穷无尽的知识。“子”就像一个小孩子，而“攴”就是老师手拿教鞭的形象了。这三部分合起来，“爻”表义又表音，“子”和“攴”表示以手执鞭教孩子学知识，这就是“教”字的本义。

【字里字外】

唐代文学家韩愈说：“师者，所以传道、授业、解惑也。”意思是说，教师的责任就是传授学生做人的道理和专业知识，帮助学生解决疑惑。教师担负着教育下一代的重任，我们应该尊师重教。

【“教”字的演变过程】

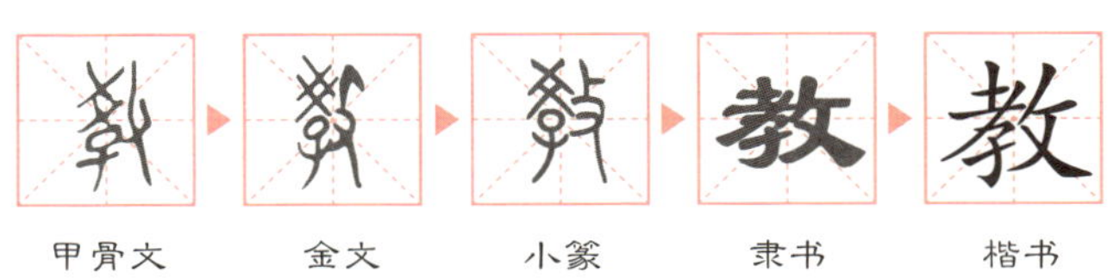

古人在打仗时，为了保护自身的安全，会披上用金属制成的铠甲。人们把穿着铠甲的兵士称为“介士”，把披着铠甲的战马叫作“介马”。在甲骨文中，“介”写作“”，就像一个站立的人（）穿着铠甲（），所以“介”字最初的意思就是“铠甲”，后来引申为“在两者当中”的意思，如“介绍”“媒介”等。

【字里字外】

词语可分为名词、动词、形容词、代词、介词等类别。介词就是用在名词、代词或名词性词组的前面，合起来表示方向、对象等的词，如：“从”“在”“当”“把”“为”“以”等。

【“介”字的演变过程】

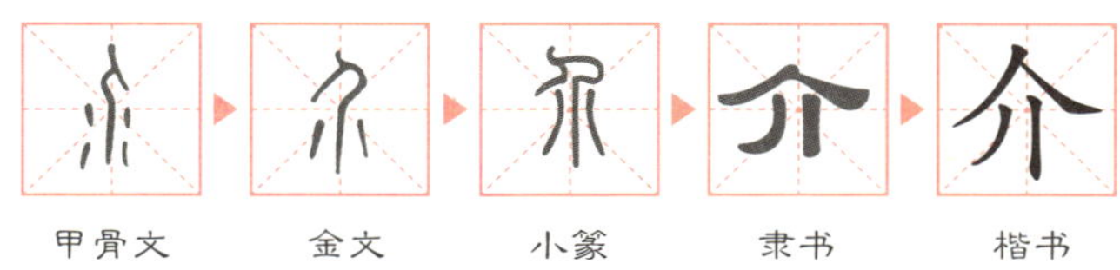

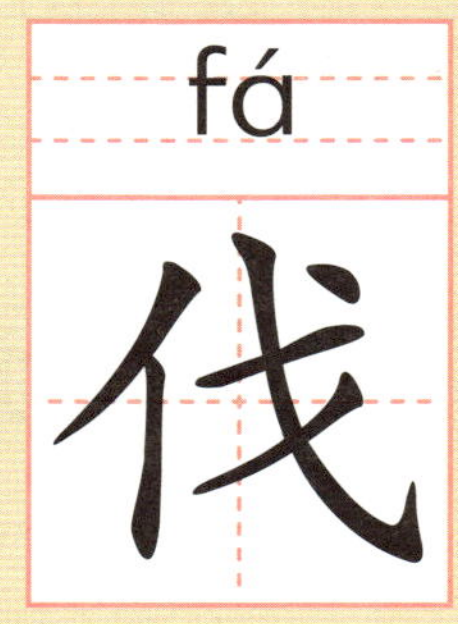

“伐”字的本义是“砍头”。“伐”字的甲骨文写作“[illegible]”，右边的“[illegible]”是一杆长戈，左边的“[illegible]”是一个面朝左站着的人，戈的长刃正砍在这个人的脖子上，非常形象地描述了“砍头”的意思。“伐”字的金文和小篆也是左“人”右“戈”结构，同样表示“砍头”。由“砍头”的本义又引申出“砍树”“攻打”等意思，如“伐木”“征伐”“讨伐”等。

【字里字外】

成语“党同伐异”的意思是，跟自己意见相同的就袒护，跟自己意见不相同的就加以攻击。原来主要指不同的学术派别之间的斗争，后用来指一切学术上、政治上或社会集团之间的斗争。

【“伐”字的演变过程】

自古以来，“井”与人们的生活紧密相连。甲骨文的“井”字（井）就像一个方口水井。在金文和小篆里，“井”字的中心加了一个圆点，表示“井里有水”。后来，为了书写方便、美观，中间的圆点被去掉了。因为古时候的“井”多是方方正正的形状，显得有条有理，所以用“秩序井然”“井井有条”来表示有条理的意思。

【字里字外】

“井底之蛙”是说一只青蛙生活在井底，只能看到井口那么大的一块天，就以为世界真的就是井口那么大。这个成语通常用来讽刺那些见识浅薄的人。

【“井”字的演变过程】

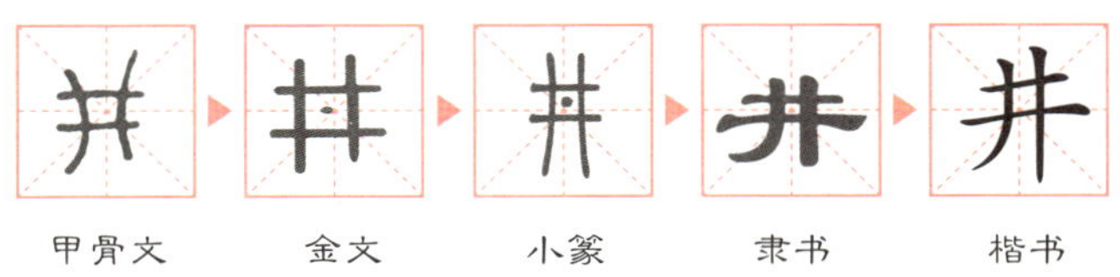

“官”字是一个会意字。它的甲骨文写作“㝵”，外面的部分是“宀”，表示一座房子，里面的“𠂤”就像一张弓。在古代，弓和斧子是打仗和狩猎的主要武器，也是统治权力的象征。屋内挂着一张“弓”，表示这间房子是一个很有权力的人居住的地方，也就是“官府”的意思。后来，“官”字引申出“在官府中任职的人”的意思，如“官员”。

【字里字外】

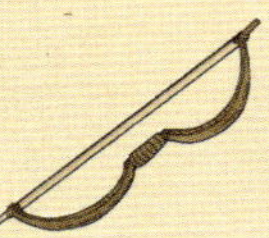

官有大小之分，人们常用“芝麻官”来泛指那些职位低、权力小的官员。“芝麻官”是一个贬义词，含讥讽的意思，你可千万别随便乱用哟！

【“官” 字的演变过程】

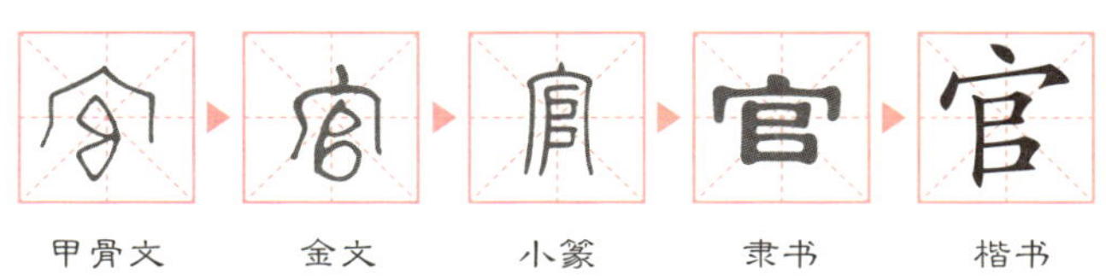

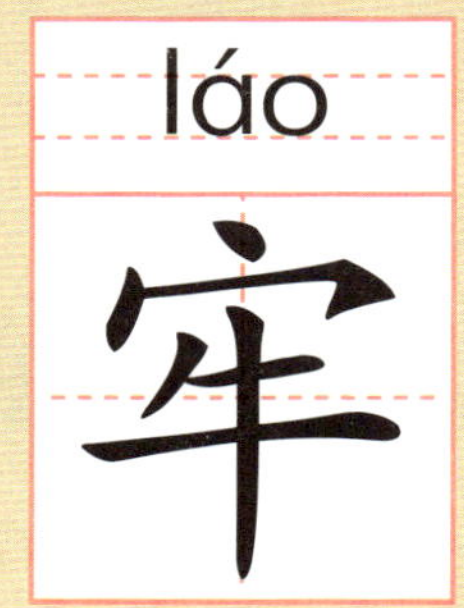

“牢”字的本义是“牛栏”。“牢”字的甲骨文写作“[oracle bone glyph]”，外面的“[oracle bone glyph]”像饲养牲畜的栏圈，里面的部分是“牛”字（[oracle bone glyph]），这个字的意思是把牛关在栏中。在小篆中，除了把牛关在栏中，还在栏门上加一块木头作为栏栓，栏门更牢固，使牛跑不出来。后来，“牢”字的含义扩大了，关押犯人的地方也称为“牢”，如“囚牢”“监牢”等。

【字里字外】

《战国策》中记载了一个“亡羊补牢”的故事，说的是一个人等到羊丢失了，才去修补羊圈。这个成语告诉我们，出了问题后要及时补救，以免继续受损失。

【“牢”字的演变过程】

古人非常重视农业生产，所以用于收割的镰刀一定要很锋利。在甲骨文中，“利”字写作“”，左边的“”表示成熟了的庄稼，穗子向左边下垂；右边是一把刀（），表示用刀割庄稼，“”和“”之间的三个点（），指的是收割时脱落的谷粒，合起来表示“割刀很锋利”的意思。

【字里字外】

收割禾物能给人们的生活带来好处，所以，“利”在后来也引申为“有益”的意思。俗语“良药苦口利于病”的意思就是：好的药虽然很苦，但却有利于治病。

【“利”字的演变过程】

“埋”字的甲骨文（ ）下面的“凵”是一个大坑，中间的“ ”是一头牛，在“牛”的两侧有四个小点，表示填下去的土。“ ”表现的是古人把牛埋到地下的祭祀场景。小篆的“埋”字（ ）变成了动物“狸”（ ）藏在“草”（ ）中，也就是“埋伏”的意思。现在，“埋”字的左边是“土”，右边是“里”，把东西藏在土里，当然就是“埋”的意思了。

【字里字外】

“埋”是个多音字，多读作“埋”，如“埋葬”“埋没”等。但在词组“埋怨”和成语“埋天怨地”中，应当读作“埋”。

【“埋”字的演变过程】

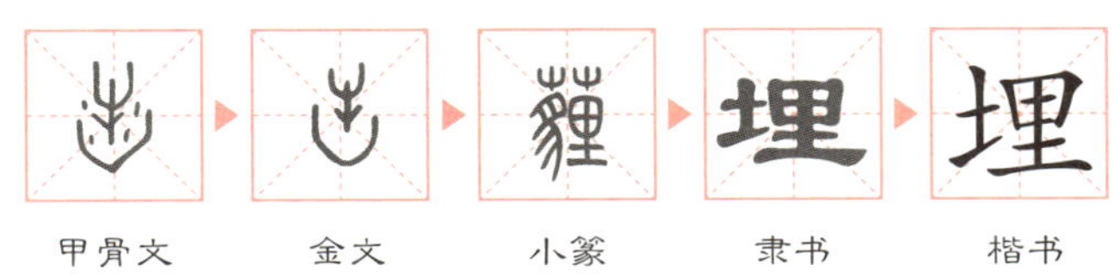

“买”字的甲骨文（ ）是上下结构，上面的“ ”是网子，下面的“ ”是贝壳，表示用网捞贝壳，因此“买”最早的意思是“获得”。后来，贝壳被人们当作货币使用，“买”字便引申出“用贝（货币）把东西购进来”的意思。到金文和小篆时，“网”和“贝”虽然有所变形，但是字义并没有改变。

【字里字外】

成语“买椟还珠”讲的是：古时候，有个人出高价买了一件珠宝，但他只要了装珠宝的漂亮盒子，而把珠宝还给了珠宝商。后来，我们用这个成语比喻没有眼光，不识货，取舍失当。

【“买”字的演变过程】

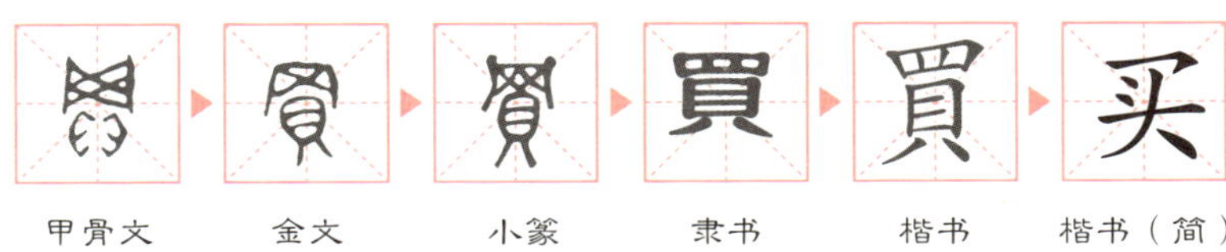

古时候，人们通常用三个相同的符号来表示“多”的意思。“品”字的甲骨文、金文和小篆的字形很相似，基本上都写作“𠱪”，由三个表示器物的“ㅂ”组成，用来表示器物很多。因此，“品”字的本义就是指“器物众多”，后来引申为“品种”“等级”“品评”“品质”等意思。

【字里字外】

有很多字的构造形式与“品”字相似，如“森”“磊”“淼”“鑫”“众”“晶”等，它们都由三个一样的字组成，其本义都包含“某样东西很多”的意思，人们把这种字的结构叫作“品”字结构。

【“品”字的演变过程】

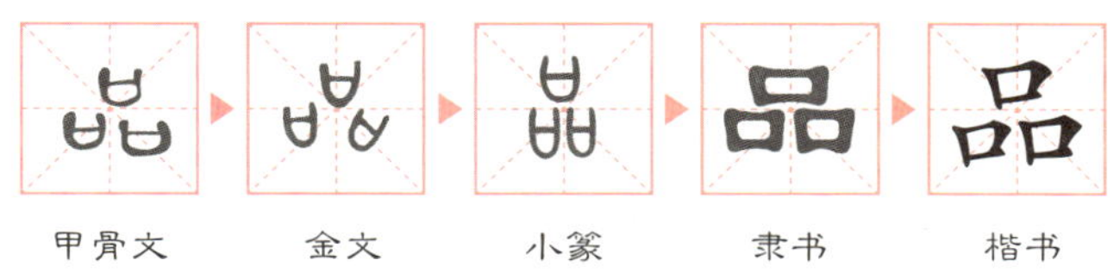

“森”字是一个会意字。它的甲骨文写作“𣡕”，就是三棵树并排的形象。“森”字的小篆写作“森”，变成“林”上面有“木”，这并不是说树上有树，而是为了美观和符合汉字方块结构的要求所做的改动。“森”的本义就是“树木丛生”。树木众多往往就会有阴森之感，所以“森”字又引申出“阴森”“森严”的意思。

【字里字外】

古代的军队常在军营四周建起围墙，以防敌人袭击。“壁垒森严”就是指在军营四周建起高墙，军事戒备很严，现在也比喻彼此界限划得很分明。

【“森”字的演变过程】

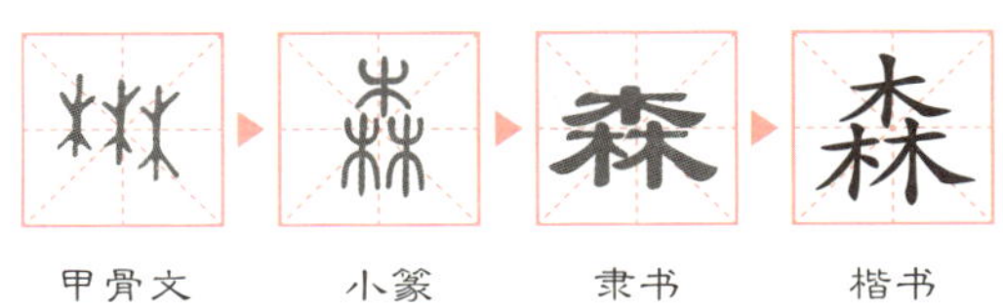

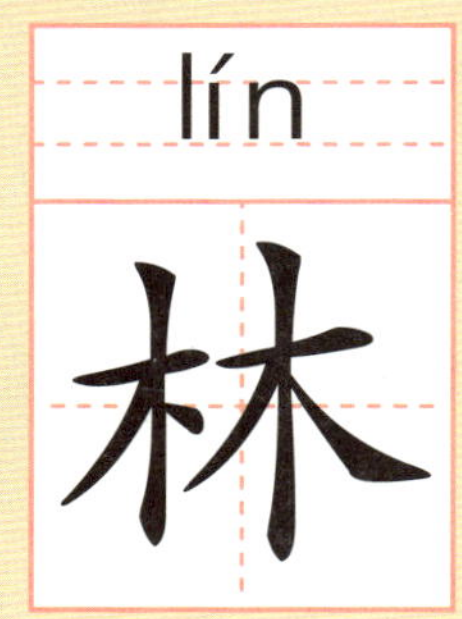

“林”字是个会意字，本义是“树林”。“林”字的甲骨文写作“[illegible]”，就像两棵长满了枝叶的大树并列在一起。两棵树并列，表示树木众多，因此，古人用“林”表示“成片的树木”，即“树林”。因为“林”字有“众多聚集”的意思，后来又引申为“聚集在一起的同类的人或者事物”，如“碑林”“艺林”等。

【字里字外】

古人说：“木秀于林，风必摧之。”意思是，在一片树林里，长得最高、枝叶最茂盛的大树最容易被风摧折。这句话告诉我们，在积极上进、努力展现自我时，也要学会保护自己。

【“林”字的演变过程】

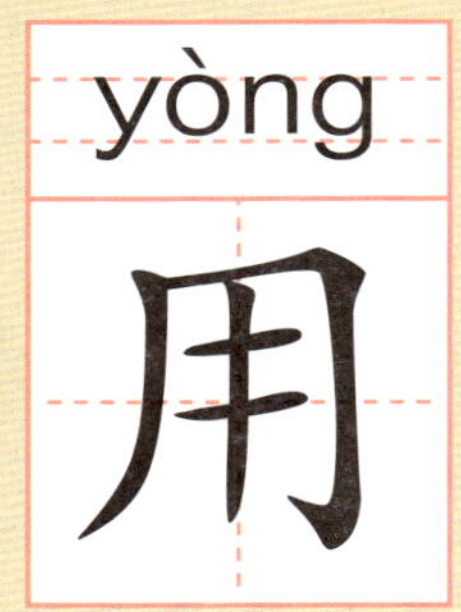

古时候，人们在做某件事情之前都会占卜一番，以决定事情是否可行。“用”字的甲骨文（𠂤）外部是“⊔”，表示用来占卜的龟甲或兽骨，里面的“卜”是龟甲或兽骨上的裂纹，用以表示卦象。“卜”这种形状的卦象预示着大吉大利，可以放心去做所要占卜的事。所以，“用”字的本义是“可以施行”，现在多表示“使用”“用处”等意思。

【字里字外】

古代打仗需要有广阔的场地，人们把它称作“用武之地”。在适宜的场地上才能发挥出本领，所以“用武之地”又指适合施展才华的地方。

【“用”字的演变过程】

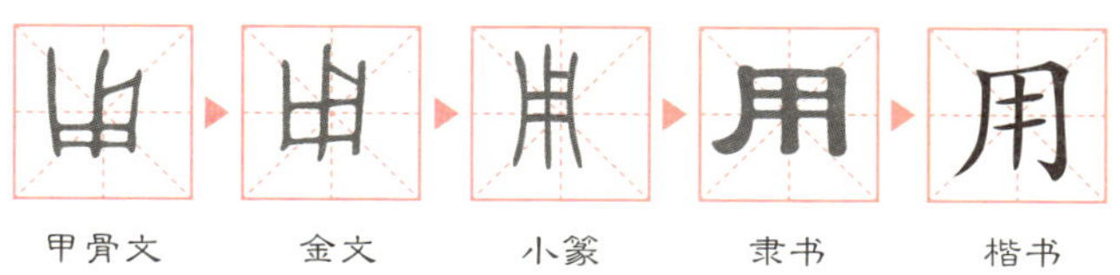

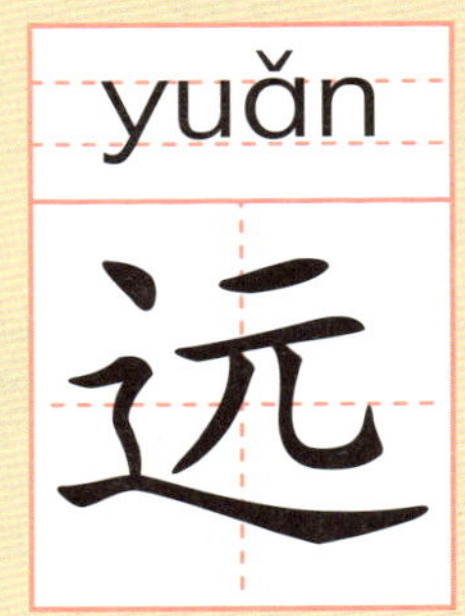

“远”字是一个形声字。在金文中，“远”字（ ）右上部是“袁”字的金文写法（ ），表示读音，右边下面的部分是“止”，指的是人的脚趾，左边是“彳”，两个均是表示“行走”的符号，整个字合起来表示行走的距离很长。后来，“远”字引申出地区之间距离大、相隔远的意思，与“近”相对。

【字里字外】

成语“远走高飞”的意思是：像野兽那样远远地跑开，像鸟儿那样高高地飞走。这个成语比喻人去了远方，多用以指人们摆脱了困境。

【"远"字的演变过程】

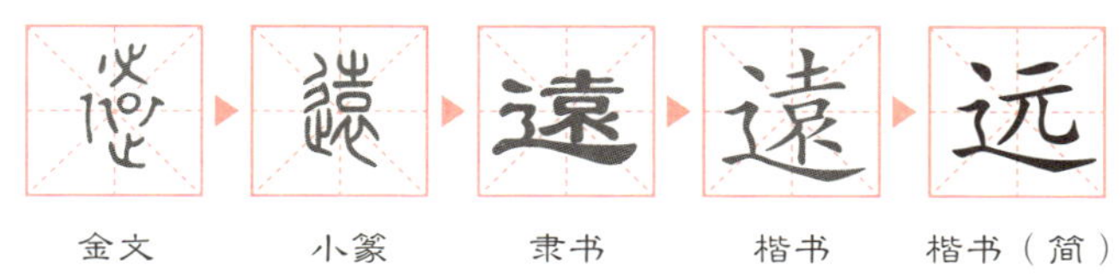

“走”字在古代是“跑”的意思。从它的金文来看，上面是一个双臂甩开的人（ ），下面是一只大脚（ ），表示这个人是在“奔跑”。在古代，“走”字还有“逃跑”的意思，后来引申为“奔向”“趋向”“投向”等意思。现在，“走”字多表示人或鸟兽的脚交互向前移动，即“行走”的意思。

【字里字外】

唐朝诗人孟郊写道：“春风得意马蹄疾，一日看尽长安花。”骑在奔跑的马上看花，不可能看得很细致，这就是人们常说的“走马观花”，这个成语形容观察事物和了解情况不深入、不细致。

【“走”字的演变过程】

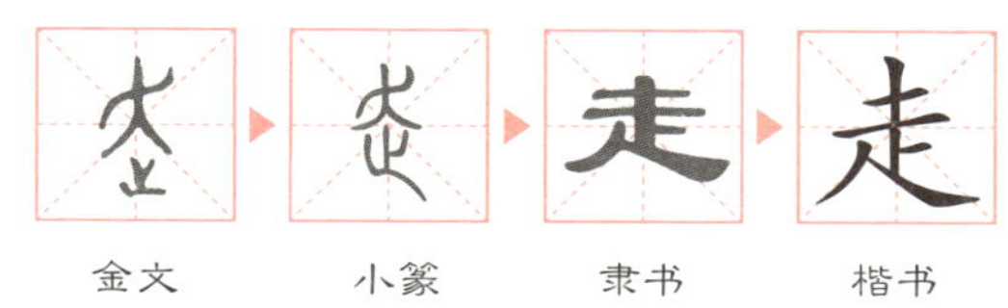

有时我们夸奖一个人，会说他是一个有才之人。“才”就是“才能”“才智”的意思。甲骨文中，“才”写作“ψ”，“ψ”表示初生的草木，上面一横表示土地，连起来就像草木的嫩芽刚刚出土，枝叶尚未长出地面的样子。古人以物喻人，表示人像新生的草木一样，充满生机，具有无限的潜力。

【字里字外】

曹植是东汉丞相曹操的儿子，他博学多才，被人称颂。有人评论说：如果把天下的文才分成十斗，那么，曹植一个人就占了其中的八斗。后来人们便用“才高八斗”来形容人的才华非常高。

【“才”字的演变过程】

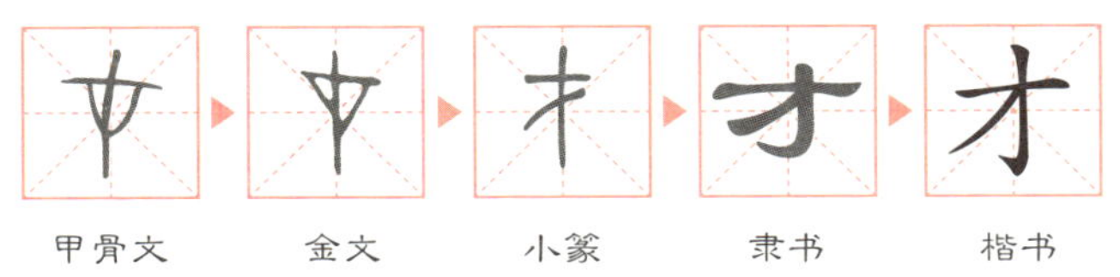

“士”字是一个象形字。它的甲骨文写作“丄”，像禾苗（丨）立于地上（一），也就是在地上插秧苗的意思。“士”字的金文在甲骨文的基础上加了一横，写作“士”，就像秧苗伸展出两片叶子一样。在古代，插秧苗这种耕作之事主要由男子从事，所以“士”就表示对“男子”的美称。

【字里字外】

古时候，读书人很清高，认为尊严是至高无上的。“士可杀，不可辱”，意思就是：读书人宁可死，也不能接受任何污辱。后来这句话常用来形容宁死不屈的节操。

【“士”字的演变过程】

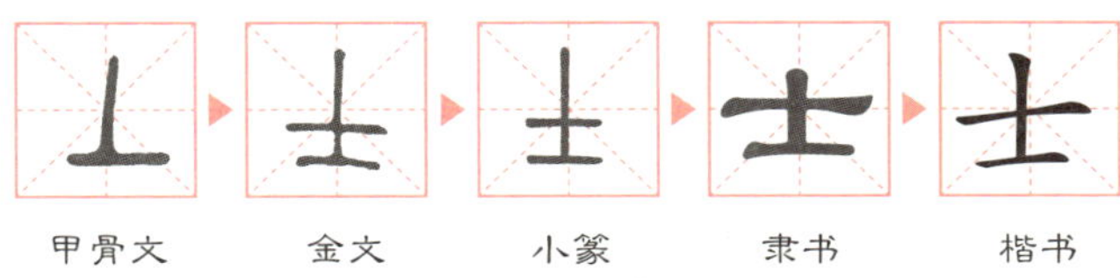

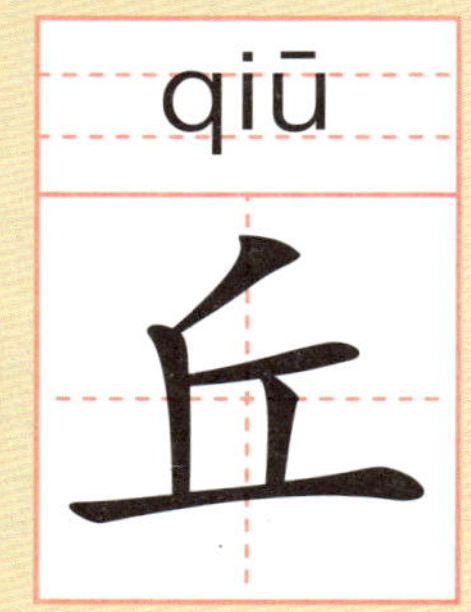

丘陵指的是地势起伏不平，连接成大片的小山。甲骨文中，用三个山峰表示的字为“山”（ ），用两个山峰表示的则是“丘”（ ）。在金文中，“丘”字写作“丠”，在两个山之间加入了一条大沟。到了现在，“丘”字已经看不出土丘的样子了，它的意思不仅可以表示“小土山”“土堆”，还可以表示坟墓，如“丘冢”。

【字里字外】

古代的“山”“岭”“陵”“丘”的含义都是不同的。有石头的大山称为“山”，小而尖的山叫作“岭”，大土山称为“陵”，夹在大土山之间的小土山就是“丘”。

【“丘”字的演变过程】

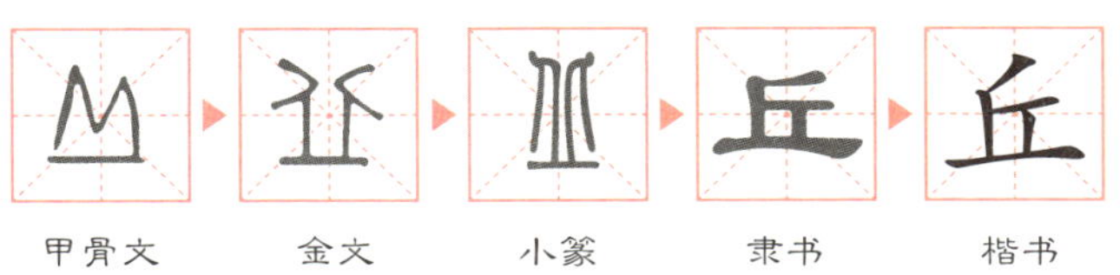

刃是由刀柄、刀背、刀刃和刀身四个部分组成的。用来切割的、最锋利的部分称为刀刃。在甲骨文中，“刃”字是一个指事字，写作“[illegible]”，强调的是刀（[illegible]）上面的一点（[illegible]），表示这里是刀上最锋利的部分。在古人所写的文章中，“刃”也常常用于表示刀剑一类的利器。

【字里字外】

战国时候，有个厨师的刀功非常高超。他能把整个的牛分割成块，刀子在牛的骨头缝儿里自由移动，没有一点儿阻碍。后来人们就用成语“游刃有余”来比喻技术熟练，解决问题毫不费力。

【“刃”字的演变过程】

在甲骨文里，“晋”字的上部是两支锋利的箭矢（），下部是一个箭筒（）。“晋”最初是指装在箭筒中的箭矢，后来这种含义渐渐消失，转而表示把箭插进箭筒的动作。在小篆中，“晋”上部的箭矢演变成“”，表示“至”“达到”。这样，“晋”字的含义也就更加广泛，不仅能表示“进到里面”，还能表示“上升”，如“晋见”“晋升”“晋级”等。

【字里字外】

春秋时期，秦国和晋国两国的君主数代通婚。后来，人们便把两家的联姻称为“秦晋之好”。

【“晋”字的演变过程】

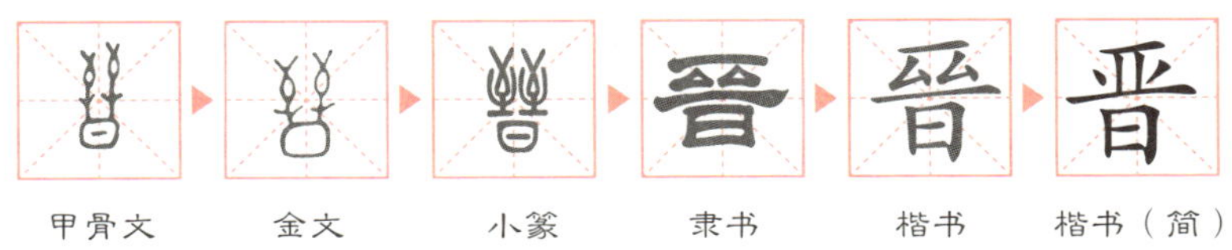

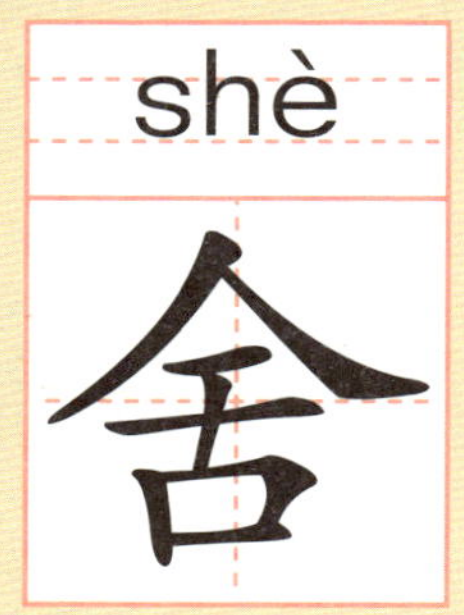

“舍”就是房屋的意思。从“舍”字的金文可以看出，它是一个象形字。“舍”上面的“𠆢”就像一个两面成斜坡的屋顶，中间的“干”是支撑房屋的柱子和横梁，而下面的“口”则是砖石砌成的墙基。在小篆中，“舍”中间的横梁向上弯曲，很像斗拱，更加形象地表达了“舍”字的意思。

【字里字外】

“舍”字作动词时读“舍”，如“舍己为人”。作名词和量词时读“舍”，如“宿舍”“退避三舍”。古代行军三十里为一舍，“退避三舍”就是后撤九十里的距离，比喻对人让步，不与相争。

【“舍”字的演变过程】

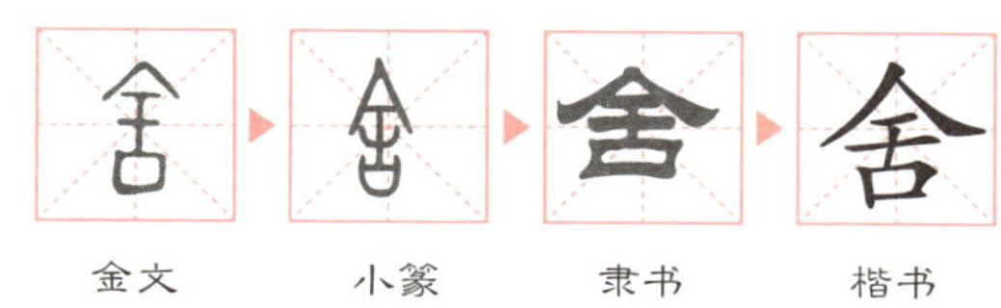

金文的“深”字（）外部是“”，表示“洞穴”。洞穴内，上面是“手”（），有探求的意思，下面是水（）。因此，“深”字的意思就是手伸到洞穴下面探水，表示水很深。小篆里，“水”移到了字的左边，洞穴下的“水”变成了“火”。后来经过演变，“火”逐渐变成了“木”，但它的意思仍是“水深”。

【字里字外】

“桃花潭水深千尺，不及汪伦送我情。”这是唐代诗人李白的名句。李白游览桃花潭时，在村民汪伦家做客。临走时，汪伦来送行，于是李白作了这首诗留别，表达了对汪伦的深厚情谊。

【“深”字的演变过程】

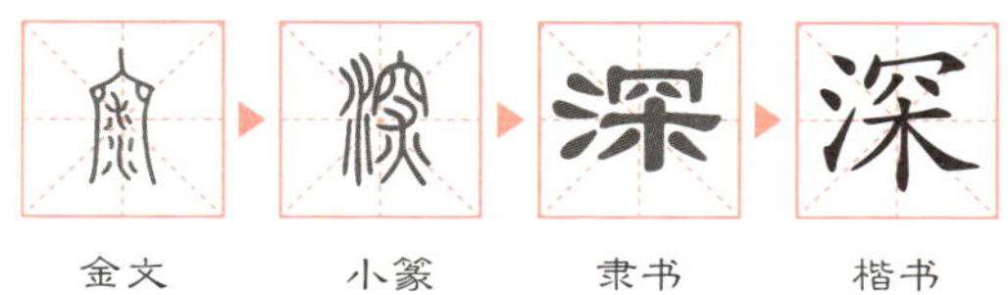

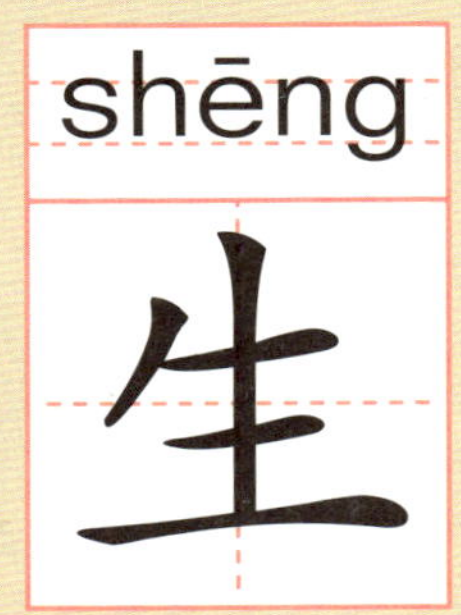

在“生”字的甲骨文（⊻）中，下面的“一”像地面，地面上的“↓”像一棵草木的幼芽，整体来看就像一棵嫩苗冒出了地面。因此，“生”的本义是“草木生长”。演变到金文，“⊻”在“⊻”的基础上又添了一道短横，表示芽苗长在地上，是往上长的。“生”字演变到金文阶段就定了形，后面的文字基本保持了金文的形状。

【字里字外】

“生当作人杰，死亦为鬼雄。”宋代词人李清照的这句诗赞扬了项羽的勇猛善战。项羽是秦末杰出的起义将领，即使被敌人围困，他也大义凛然，宁死不屈，为后人所叹服。

【“生”字的演变过程】

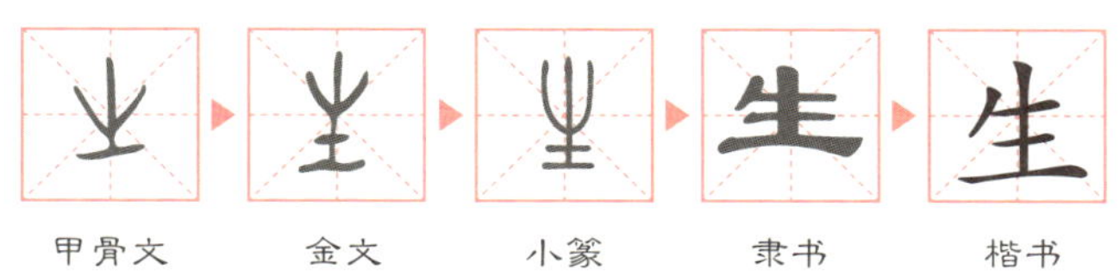

“丧”字的意思是“失去”“丧亡”。在甲骨文中，“丧”字（[甲骨文]）是一个形声字，中间是“桑”字（[甲骨文]），表声；旁边的两个“口”（[甲骨文]），表示哭丧的意思。“丧”字的金文“[金文]”上部是一个“噩”字（[金文]），下部是一个“亡”字（[金文]），合起来表示不幸地死亡，这时，“丧”字变成了会意兼形声字。

【字里字外】

“丧家之犬”原来指的是正在办丧事人家的狗，因主人守孝而无暇喂养，后来泛指失去主人而无人喂养的狗。这个成语现在多被用来比喻那些无处投奔、到处乱窜的人。

【“丧”字的演变过程】

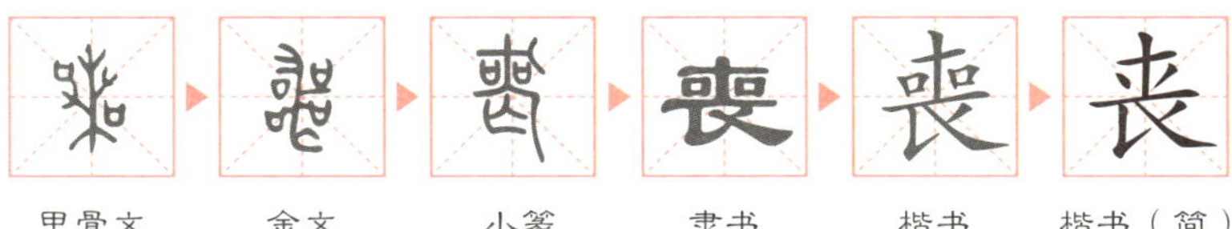

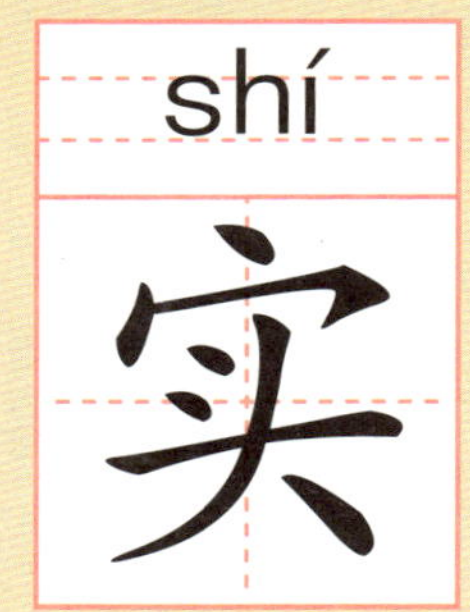

“实”字的本义是“富裕”。它的金文上部“宀”表示房屋，下面是“田”（田），“田”下面是“贝”（贝），“贝”是古人使用的货币。所以，“实”字的意思就是有房屋、田地、货币，表示富有。小篆里，“宀”下面变成了“貫”，“貫”也是指钱财，表示有房屋、钱财，仍然是“富裕”“财富”的意思。后来，由“财富”又引申为“果实”“事实”等意思。

【字里字外】

我们经常会用到“名不副实”这个词，意思是指名声或名义与实际不相符，空有虚名，而“名副其实”“名实相符”则和它意义相反。

【“实”字的演变过程】

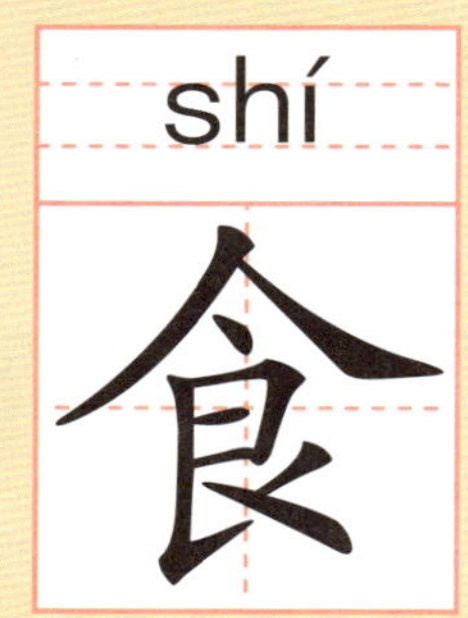

“食”字是一个象形字，本义是“食品”。在甲骨文中，“食”字（[illegible]）最上面的“A”是个食器的盖子，下面是一个装着丰盛食物的食器（[illegible]），两侧的两点表示已经装满了食物，还在往外溢。金文省掉了表示食物的两点。到小篆时，字形已经不太像食器的样子，但书写更为美观了。

【字里字外】

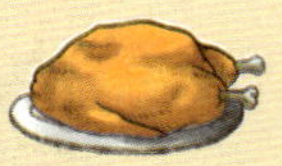

“食客”是我国古代的一个特殊群体。食客们多是一些有才能的人，靠有钱的大户人家供养。他们平时不劳动，只有在主人需要的时候，为主人出谋划策，或代主人著书立说。

【“食”字的演变过程】

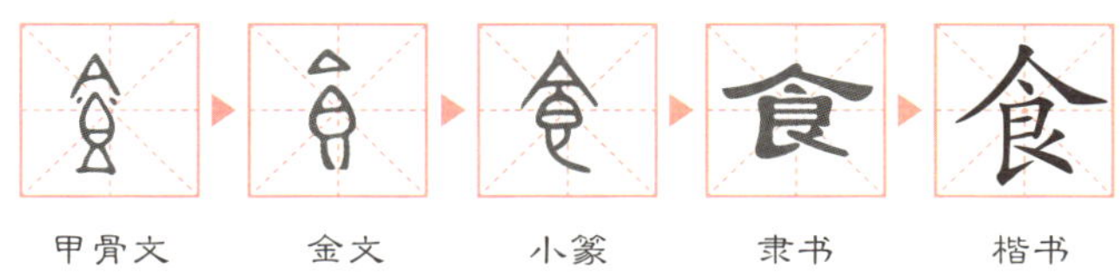

“受”与“授”在古代是同一个字。在甲骨文中，“受”字（ ）中间的“ ”是舟的形状，表示像舟形的托盘。它上面有一只手（ ），表示把托盘递出去，即“授予”，下面的手（ ）则表示将托盘接过来，即“接受”。因此，“受”既有“接受”的意思，又有“授予”的意思。

【字里字外】

在中国的封建礼教中，有“男女授受不亲”的规定。“授”，指给予；“受”，指接受。也就是说，男女不能互相亲手递受物品，而必须保持一定的距离。实际上，这是对人与人正常交往的一种束缚。

【“受”字的演变过程】

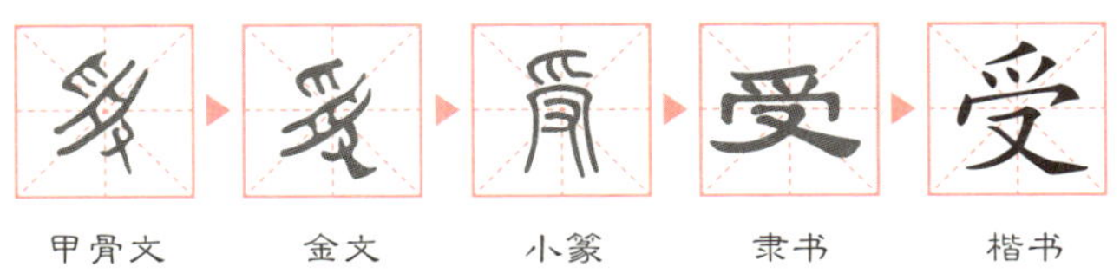

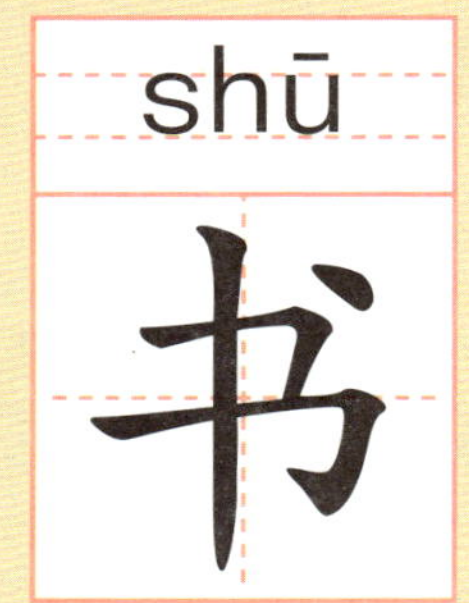

“书”字的本义并不是“书本”，而是指书写的过程。甲骨文中的“书”字（ ）是一个会意字，它表示一只手（ ）拿着树枝（ ）正在书写。后来，“书”字的形态变化比较大，上面用隶字头表示笔，下面的“者”字在古时候读音和“书”相似，用来表示读音，所以金文和小篆里的“书”字都是形声字。

【字里字外】

人们常说：“读书破万卷，下笔如有神。”古人非常注重知识的积累，如果读过的书有成千上万本，脑子里已经储存了各种各样的知识，那还会有什么样的文章写不出来呢？

【“书”字的演变过程】

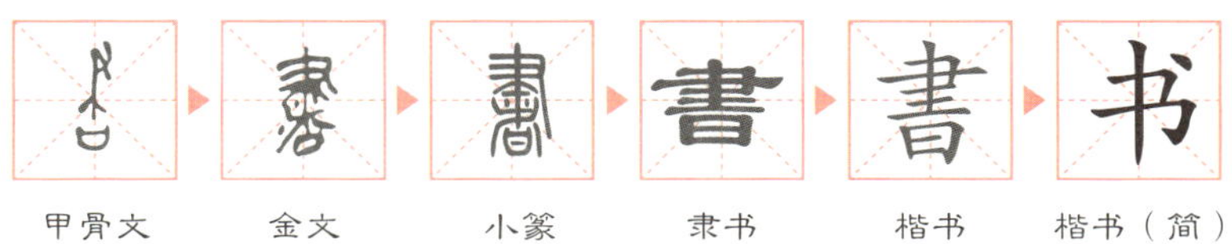

比翼鸟是传说中的一种鸟儿，雌鸟和雄鸟形影不离，总是一起飞翔。后来，人们就用“比翼双飞”来形容夫妇恩爱情深。其实，“双”字在造字之初就与鸟儿有关，在金文里，“雙”字上面是两只嘴朝左的小鸟（雔），下面则是一只手（又），“雙”表示“一只手抓住了两只鸟”，两只即为“一双”。

【字里字外】

传说宋代文学家王安石在娶亲时，正好知道了自己金榜题名的消息。于是，他写了两个并排相连的喜字贴在门上，表示喜上加喜，双喜临门。从此，便有了结婚时贴“红双喜”的习俗。

【“双”字的演变过程】

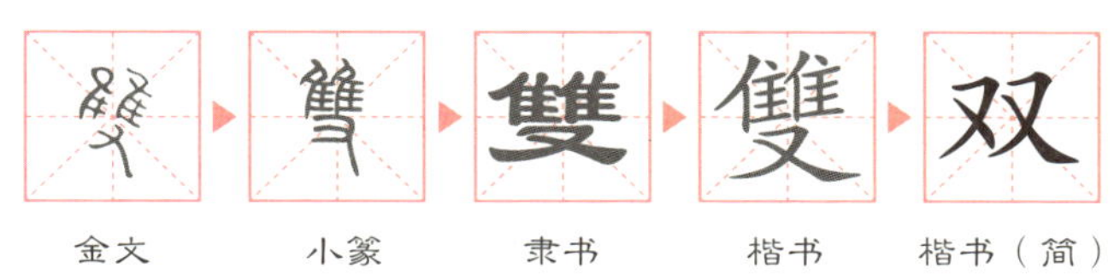

“爽”字的本义是“明亮”。“爽”字甲骨文写作“”，描绘的是一个人（）两手拿着火把（）照明的样子，火把发光，表示明朗、清亮。到了金文时，两只手拿火把的样子变成了“”，就像火把向四面射出的光芒，“爽”字的意思也更加明显了。后来，“爽”字由“明”的意思又引申出“开朗”的词义，所以出现了“豪爽”“直爽”等词语。

【字里字外】

人们常用“秋高气爽”来形容秋天的天气。经过夏天雨水的洗礼，天空中的尘埃减少了，空气更加透明，阳光照射到地面上，使天空变得开阔而明朗。

【“爽”字的演变过程】

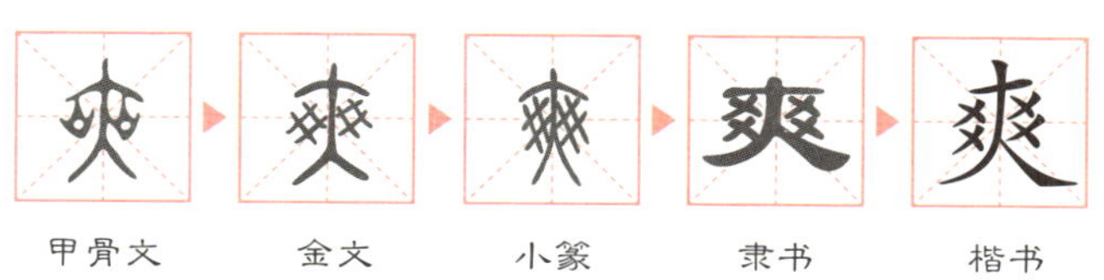

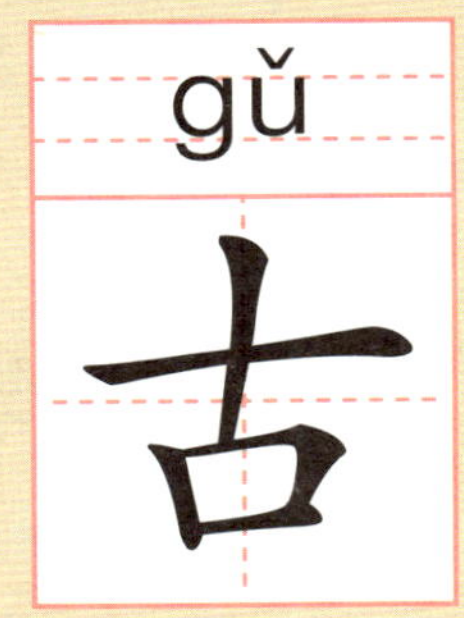

在文字出现之前，如果一件事情要流传下来，人们就以口头告知的形式代代相传。“古”字的甲骨文写作“古”，是由“中”和“口”组成的，“中”表示“多”的意思，和下面的“口”合起来，表示“世世代代口口相传”。因为这些相传的内容大多时间久远，“古”字也就有了“过去”“古代”的意思。

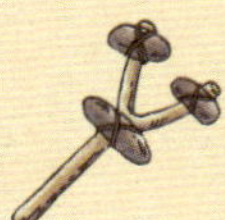

【字里字外】

中国和古埃及、古印度、古巴比伦一起并称为世界四大文明古国。中国历史文化悠久，造纸术、指南针、火药和活字印刷术这四大发明对世界文明的发展起了非常重要的作用。

【“古”字的演变过程】

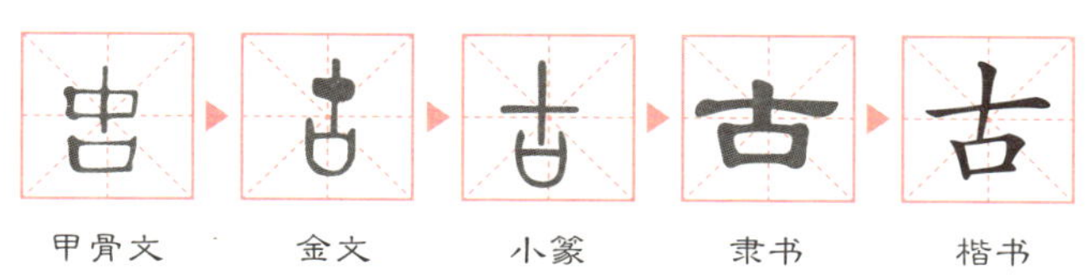

古人认为，人们思考问题需要心脏和大脑合作才能进行，所以，“思”字就是这两者的结合。金文“思”字（）中的“”是由心脏的图形演变而成的，有几分像心脏的轮廓，“”是“囟”字的象形，代表人的脑袋。后来，在演变过程中，“囟”字变成了“田”，“思”字就成了我们现在所见的模样。

【字里字外】

孔子说：“学而不思则罔，思而不学则殆。”这是告诉我们，一味地学习而不思考，就会留下很多疑问；但如果只会胡思乱想而不学习，就会筋疲力尽而没有什么收获。

【“思”字的演变过程】

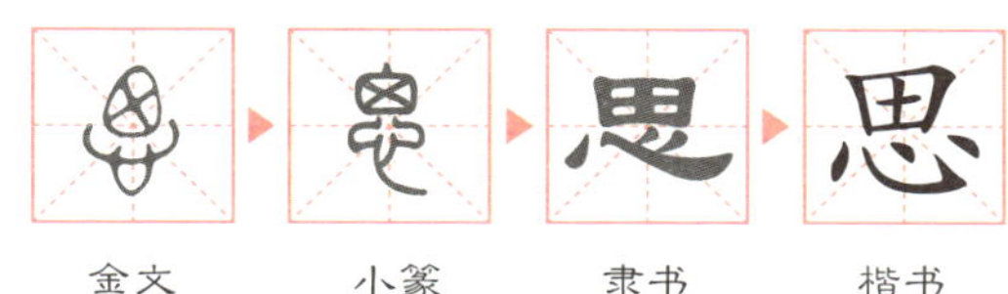

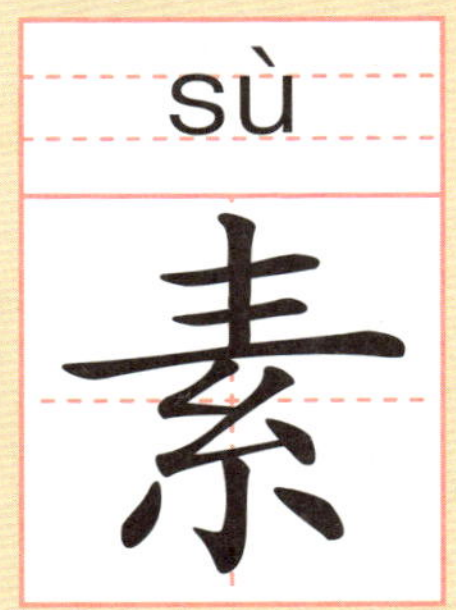

“素”原指一种白色丝织品，金文“素”字（ ）的主体部分“ ”是一段“素”，上面的“ ”是织布的器具，两旁的“ ”表示手。这个字表示：一段“素”刚刚织好，一端连着织布机，另一端则被织布人拿在手里欣赏。因为“素”是白色的丝织品，所以“素”字就有了“本色”“白色”“颜色单纯”等意思。

【字里字外】

古时候，有一个人的朋友送给他一条鲤鱼，鱼的肚子里藏着一尺来长的白色丝织品——素，上面还写了一封信。后来，人们就用“鱼传尺素”来表示非常想念远方的朋友，希望鱼儿能帮自己捎信给对方。

【“素”字的演变过程】

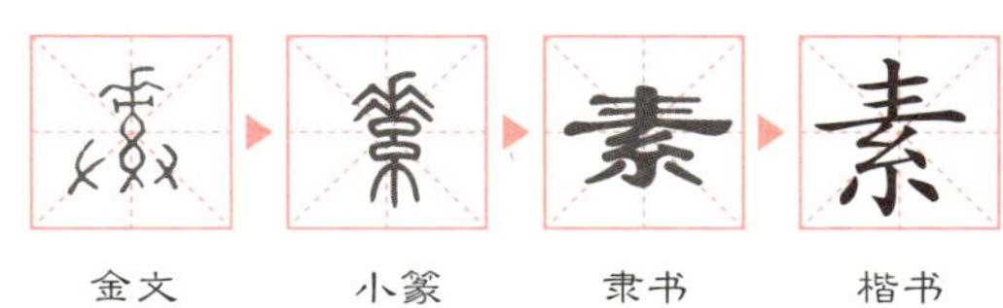

“孙”字的本义是“照看小孩儿”。甲骨文“孙”字（）左边的“”是一个“子”字，但并不是指儿子，而是泛指年幼的孩子；右边是一捆缠绕的丝绳（），后来又变成“”，表示用绳索系住小孩儿，防止他摔倒或者跑丢，也就是“照看小孩儿”。对于年长的人来说，需要照看的是“孙子”这一辈人了。

【字里字外】

春秋时期的孙武很擅长带兵打仗，他帮助当时的国王打了很多胜仗，被人尊称为“兵圣”。为了把自己打胜仗的秘诀传给后人，孙武写了一部军事著作，这就是著名的《孙子兵法》。

【“孙”字的演变过程】

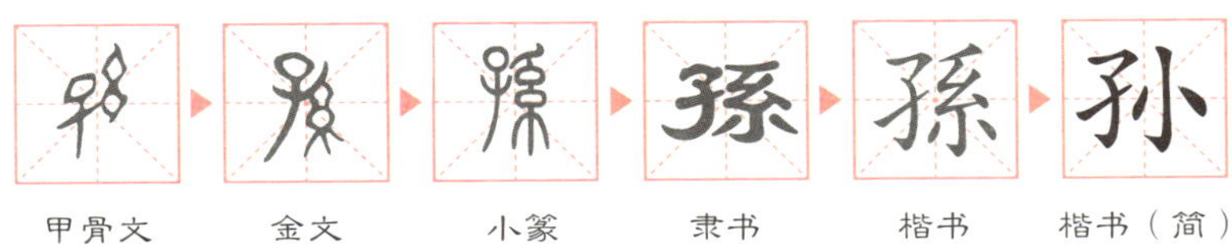

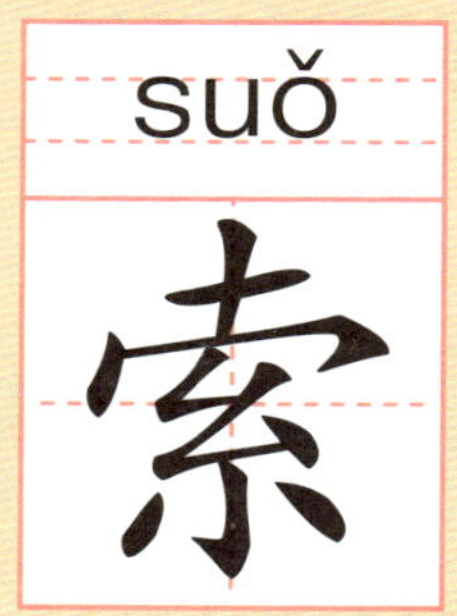

“索”原是一种草，它的茎叶可以结成绳子，所以，它又用来代指粗大的绳索。甲骨文里的“索”字（）是一根绳子的象形，绳上还打着一个个绳结，末端呈分叉的三股。后来，人们在绳索上加入两只手（），好像正在用手搓绳的模样。现在，“索”字还有“搜寻”“取”的意思。

【字里字外】

古代有个善于相马的人写了一部《相马经》来介绍良马的特征。他的儿子不动脑筋，只会照搬《相马经》上的知识，结果没有找到良马。人们把这种做法叫作“按图索骥”，比喻办事机械、死板。

【“索” 字的演变过程】

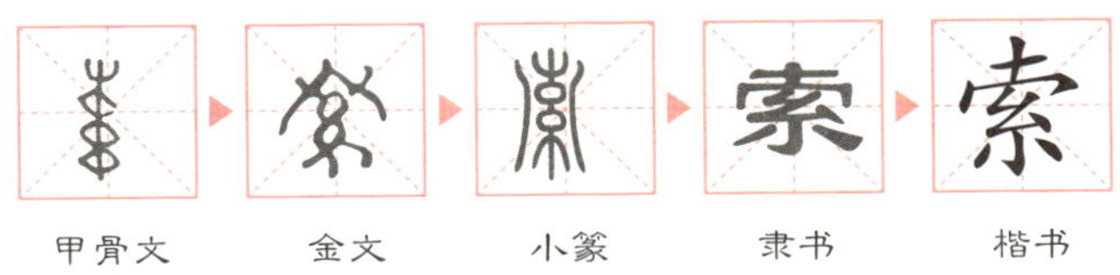

成语“探囊取物”指的是伸手进入囊袋中拿取物品，而这个成语也形象地描绘了“探”字的本义。在甲骨文中，“探”写作“”，在一个囊袋（）里，有一只手（）在找东西（），表示“摸取”的意思。到小篆时，“探”字的旁边增加了一只手“”，更加突显了“探”与手的关系。

【字里字外】

在古代，科举考试对于读书人来说非常重要。科举考试的最高级别就是殿试，由皇帝亲自主考，考试的第一名就是状元，第二名被称为榜眼，第三名叫作探花。

【“探”字的演变过程】

“同”字是一个会意字，在甲骨文中，“同”字（[illegible]）上面的“凡”是一只倒扣的盘子，盘子下的“口”字表示人，并且以一个“口”代指众多的“口”，表示多个人，所以，“同”字的本义是把人聚集起来，大家同心协力，也就是“共同”的意思。后来，“同”字又引申为“相同”的意思，如“同年”“同类”等。

【字里字外】

唐朝大诗人白居易官场失意。有一次，他在游船上巧遇一个歌女，歌女向他诉说了自己的悲惨遭遇。白居易听完后有同病相怜的感觉，于是就写下了“同是天涯沦落人，相逢何必曾相识”的著名诗句。

【“同”字的演变过程】

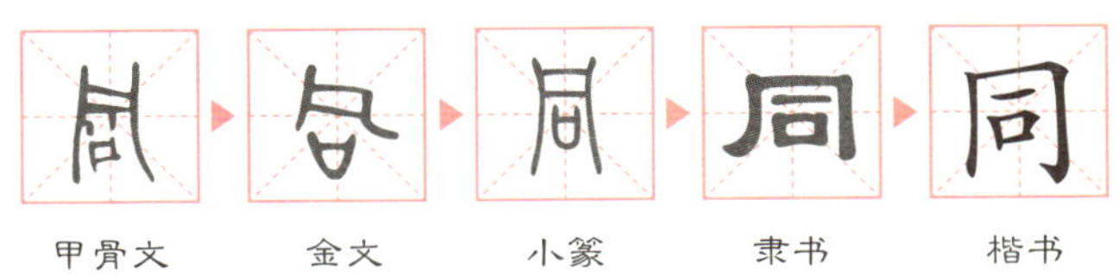

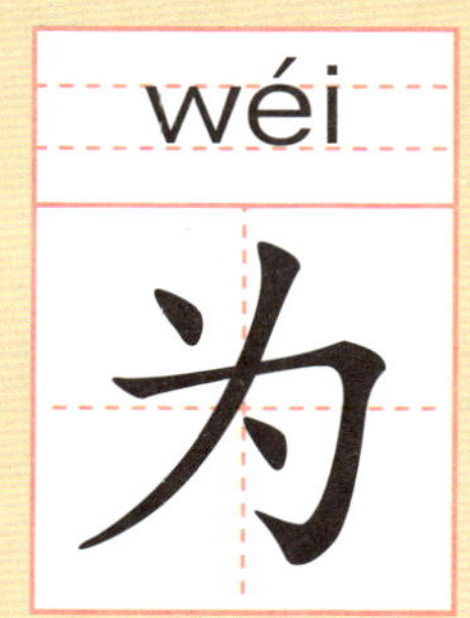

远古时期，我国很多地方都生活着大象，大象被人驯化后可以帮人干活儿。甲骨文“为”字（ ）的主体部分（ ）就是一头大象，它的四肢朝左，尾巴朝下，弯着长长的鼻子。“为”字上部的“ ”是一只手，这只手驯服了大象，拉着象去干活儿。所以“为”字最初表示“做事”“干活儿”，如“事在人为”“为非作歹”“大有可为”中的“为”字就是这个意思。

【字里字外】

古人很注重自己的道德品质修养，认为多做善事才能让自己感受到快乐，并且提高自己的修为。孟子认为：作为一个君子，最大的德行就是“与人为善”。

【“为”字的演变过程】

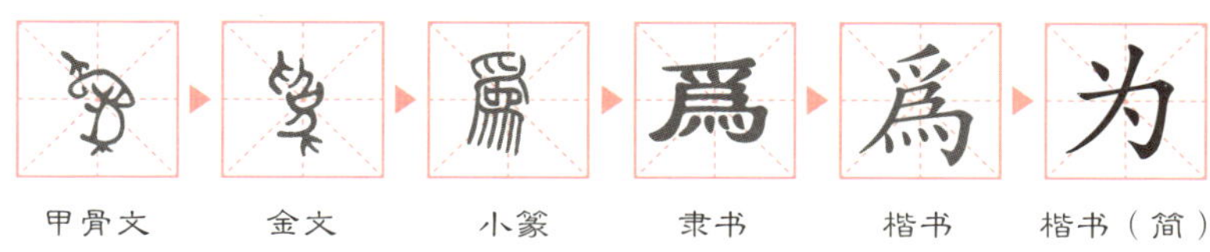

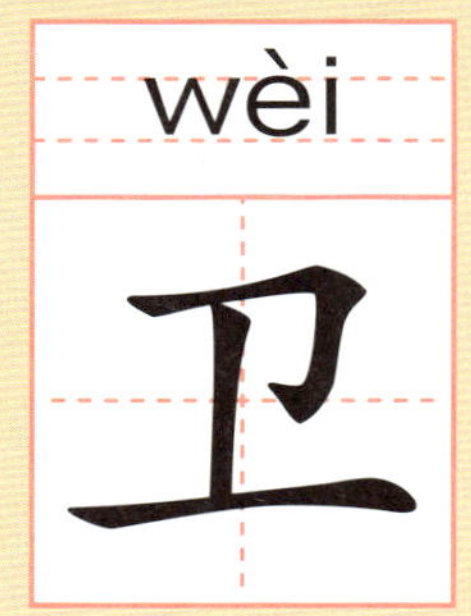

“卫”字的甲骨文写作“”，上下各有一只脚（），各指一个人，中间的“”表示一片区域。整体来看，有人在区域周围巡逻，就是“保卫”的意思。金文里，在表示区域的“”四周留下四个足迹（），更像哨兵护卫的样子。小篆的左右两边加上表示道路的“”，表明这个区域是四通八达的交通中心。

【字里字外】

传说，炎帝的女儿在东海游泳时被淹死了。后来，她化为精卫鸟，每天衔来树枝和石块填东海。这就是“精卫填海”的故事。后来，人们用成语“精卫填海”比喻不畏艰难，努力奋斗。

【“卫”字的演变过程】

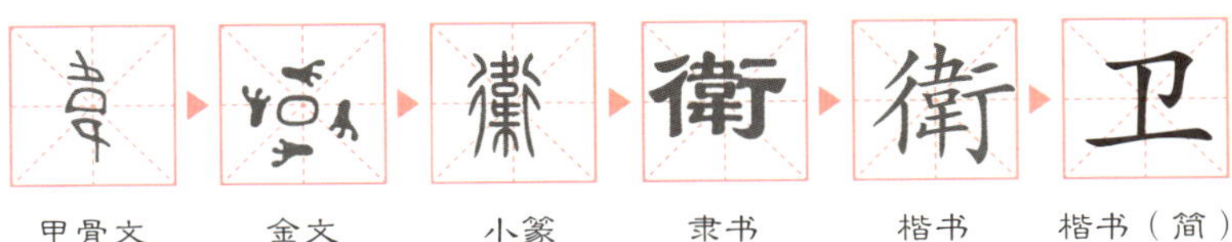

“先”的意思是“先前”。甲骨文的“先”字写作“[illegible]”，古人用会意的方法表现出了这个字：下面是一个面朝左的人（[illegible]），人的头上有一只大脚（[illegible]），脚走在了人的前面，“先”字的意思就很清晰地表达出来了。小篆时，上面的脚和下面的人都变形了，但“上脚下人”的模样还是可以看出来的。

【字里字外】

“先天下之忧而忧，后天下之乐而乐”，这是宋代杰出的政治家和文学家范仲淹在《岳阳楼记》中写下的名句，这也是他一生心忧天下、舍小家为大家的真实写照。

【“先”字的演变过程】

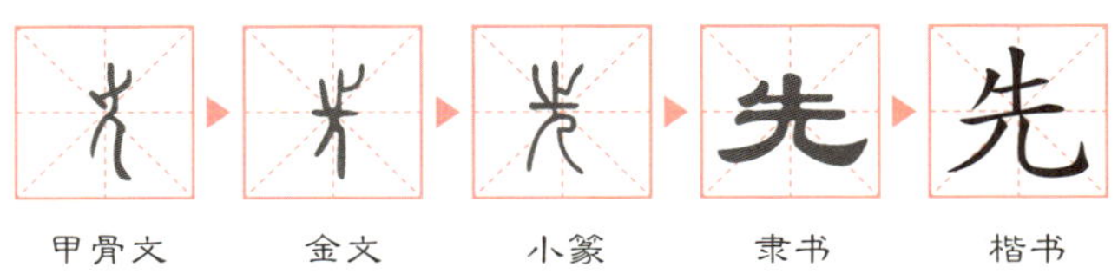

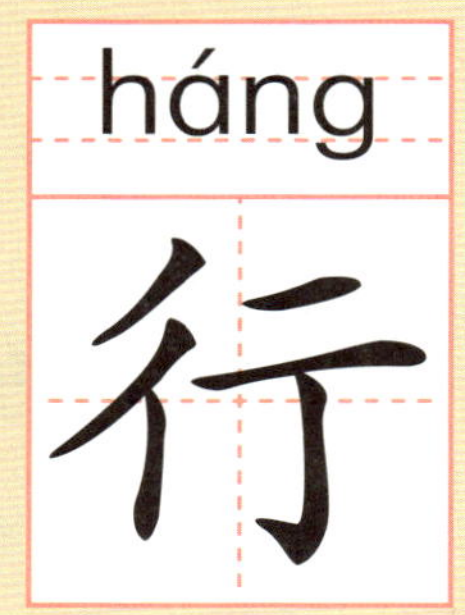

“行”字的本义是“路”。它的甲骨文、金文和小篆分别是“[illegible]”“[illegible]”和“[illegible]”，都表示一个四通八达的十字路口。后来，人们由“路”引申为“行列”“成行的东西”等，如“杨柳成行”“两行眼泪”等。因为路是供人行走的，所以“行”又引申为“走”“行走”的意思。“行”字的本义反而渐渐被人遗忘了。

【字里字外】

在汉语中，“行”字是多音字，主要有“行”和“行”两种读音，前者如“行列”“行业”“行情”“排行”“银行”“行家里手”等；后者有“步行”“行程”“举行”“行动”“行李”“行云流水”等。

【“行”字的演变过程】

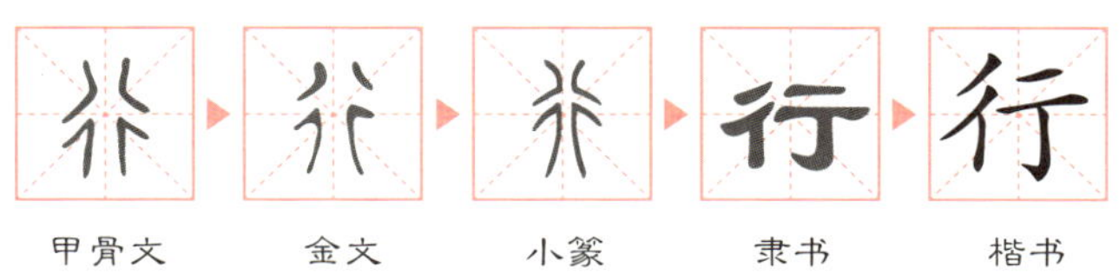

甲骨文　　金文　　小篆　　隶书　　楷书

“姓”字的甲骨文写作“[illegible]”，左边为“[illegible]”，表示草木从土里生长出来，右边是一个能生育孩子的妇女（[illegible]）。金文的“姓”字（[illegible]）就是“生”。所以，“姓”的本义是指人出生。因为每个人的名字中都会有表明家族系统的字，即“姓氏”，所以“姓”字后来又表示“姓氏”的意思。

【字里字外】

提起姓氏，人们最熟悉的自然是《百家姓》。成书于宋朝的《百家姓》把常见的姓氏按四个字一组编成顺口溜，特别容易学习和记忆，所以《百家姓》便成为小孩子最好的启蒙读物之一。

【“姓”字的演变过程】

俗话说："大树底下好乘凉。""休"字表现的就是人们在大树下乘凉的情景。甲骨文中，"休"字写作"𠇍"，就像一个人（亻）依靠在一棵大树（木）下，很舒服地休息的样子。人们一般在停止干活儿之后走到树底下休息，所以，"休"又引申为"停止"的意思，如"休止""喋喋不休"等。

【字里字外】

唐朝著名诗人杜甫被称为"诗圣"，他写诗句时十分认真，总是反复斟酌之后才下笔。他曾用"为人性僻耽佳句，语不惊人死不休"来形容自己，表明自己在诗歌创作中的严谨态度。

【“休”字的演变过程】

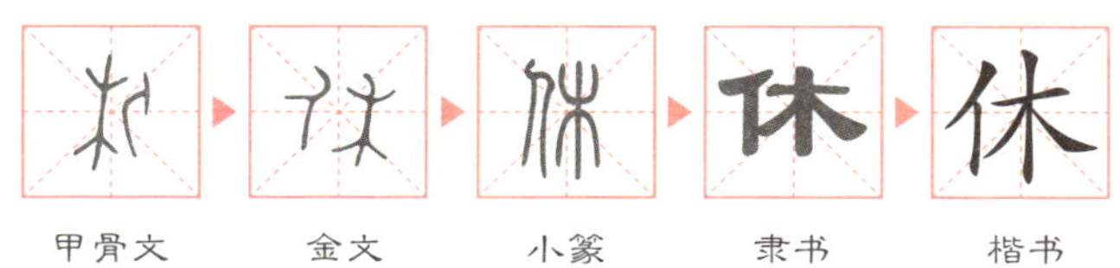

成语“初出茅庐”表示刚出来做事或刚步入社会，其中的“出”字是“走出”的意思，这就是“出”字的本义。甲骨文“出”字（ ）上面的“ ”是一只脚趾朝上的脚，下面的“∪”是一条向上弯着的曲线，表示这是一个门口或土坑口，合起来像是一只脚从门口或土坑口走出去的样子。

【字里字外】

“出尔反尔”表示言论或行动前后自相矛盾，反复无常。如果一个人做事经常出尔反尔，那么时间长了别人自然不会再相信他。所以，无论什么时候，我们都要说到做到，保持言行一致。

『“出”字的演变过程』

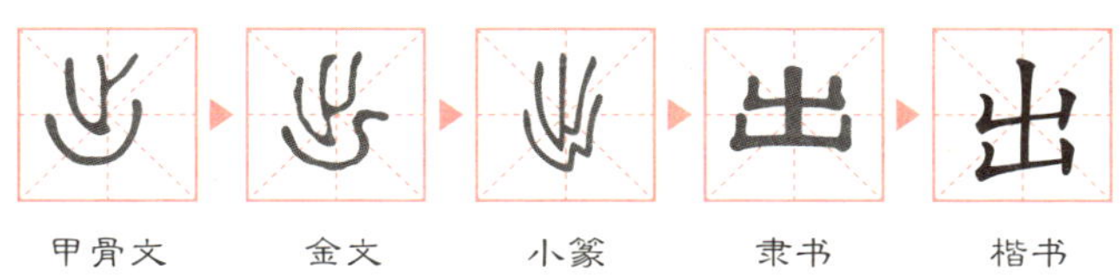

“讯”字是一个会意字，它的甲骨文写作“𠭥”，其左边是一个“口”字（ㅂ），表示有一个人在问话；中间是一个面朝左边跪着的人（㇋）；右边是一根绳索（𠂆）。总体上来看，表示一个人被绳索捆了起来，跪在地上接受另外一个人审问。因此，“讯”字的本义是“审问”，后来引申为“询问”“消息”等意思，如“问讯”“通讯”“音讯”等。

【字里字外】

我们在看报纸的时候，经常看到“某某社讯”这样的字样。这个“讯”是“消息”“信息”的意思，如“新华社讯”就是指新华社发来的消息。

【“讯”字的演变过程】

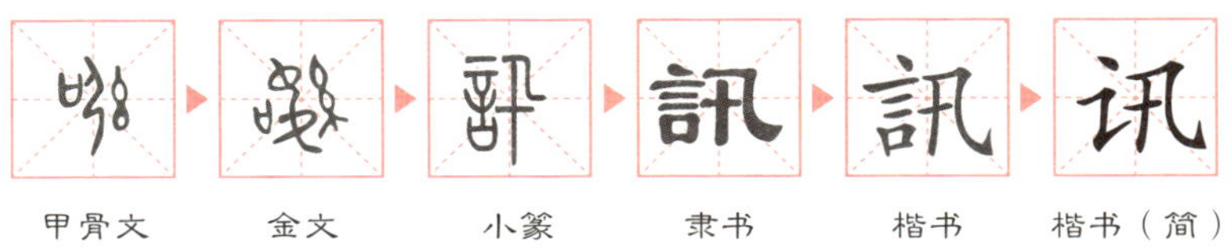

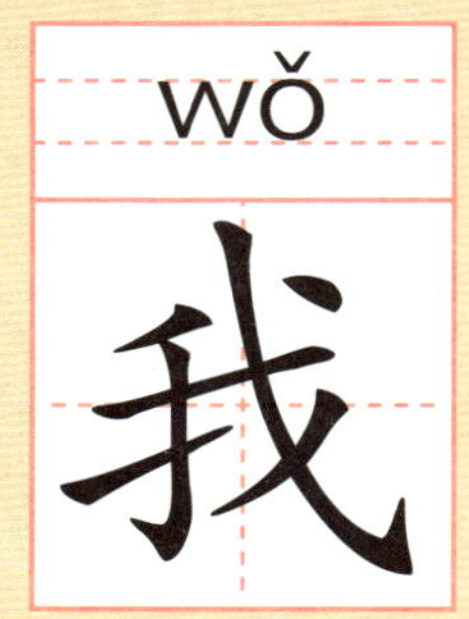

“我”字现在用作第一人称代词，但它最初的意思却是指一种兵器。在甲骨文里，“我”字写作“ ”，看上去像一把有柄、有钩的古代武器——大斧，斧口还有一排锋利的锯齿。随着社会的发展，“我”这种奴隶社会的兵器，被更优良的兵器所取代，“我”也不再是表示兵器的名称，而被借用作第一人称代词，指代自己。

【字里字外】

唐朝大诗人李白的诗中写道：“天生我材必有用。”意思是说，每个人来到这个世界，都有其自身的意义和价值，应该积极肯定自我。这句话至今仍被人们用来自勉或鼓励他人。

【“我”字的演变过程】

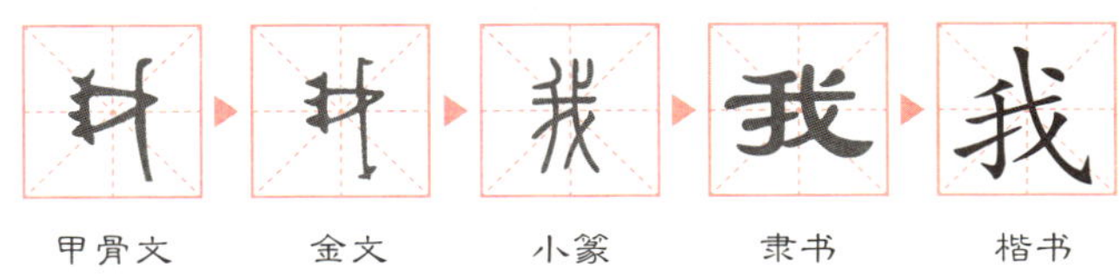

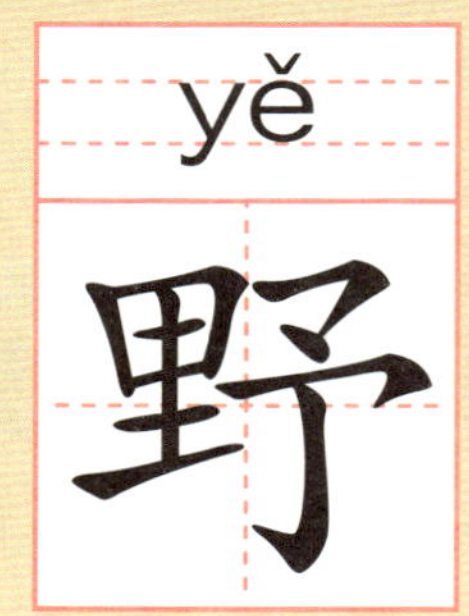

“野”字的本义是“郊外”，它最初是一个会意字。“野”字的甲骨文（[oracle bone glyph]）中间是小土丘（⊥），两边的“[glyph]”是指树木，并且双木为林，表示树木很多。后来，野外的树林多被开垦成了良田，所以“[glyph]”被“田”所替代，再加上“予”（[glyph]）表示读音（古代“野”与“予”读音相近），“野”字就变成了一个形声字。

【字里字外】

茫茫原野上长满了各种各样的小草，它们虽然微小，但是广阔的田野赋予了它们顽强的生命力。古人就曾经用诗句形容小草：“野火烧不尽，春风吹又生。”

【“野”字的演变过程】

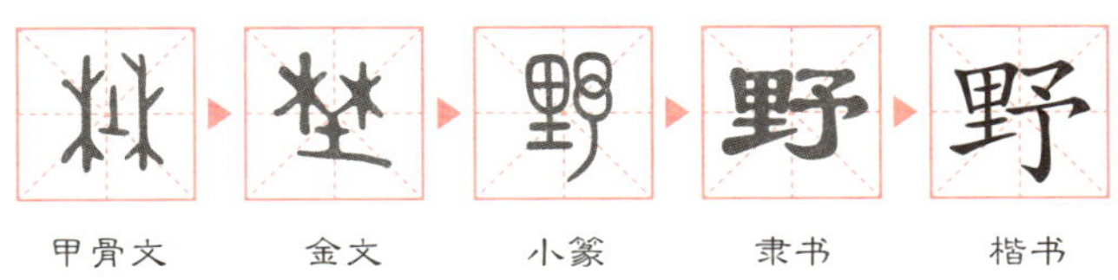

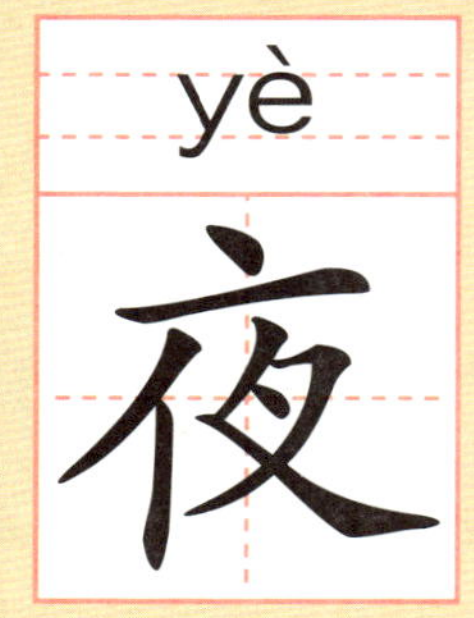

“夜”字的本义是“晚上”。它的甲骨文写作“”，“”像一个正面站立着的人，“人”的左臂下面有一点，表示这里是腋下，右臂下面的“”指月亮，表示月亮已经升起到人的腋下那么高了，也就是“夜间”到了。“夜”的小篆和金文大致相同，但到后来的简体字时，就已经很难看出原来的形状了。

【字里字外】

汉朝时，我国西南部有一个叫“夜郎国”的小国。夜郎国国王没见过多少世面，却很狂妄自大，居然以为夜郎国比当时的汉朝还要大。后来，“夜郎自大”就被用来形容那些妄自尊大的人。

【“夜”字的演变过程】

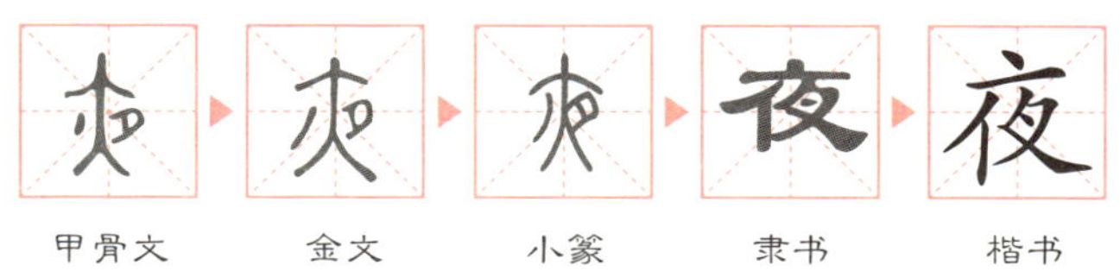

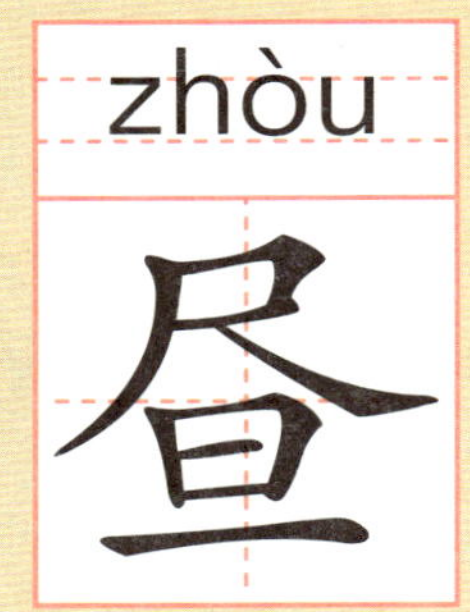

“昼”字的本义就是“白天”，是指从太阳东升到西落之间的这段时间。白昼和黑夜是以太阳的出没来划分的，所以，“昼”字的金文写作“ ”，上部的“聿”（ ）就是后来的“筆”（笔）字，下部的“ ”是“日”字，指太阳，意思就是以“聿”来划分白天黑夜的界线。小篆“昼”字（ ）下面的部分变成了“旦”，但是“昼”字的意思并未改变。

【字里字外】

“昼夜兼程”是个常用的成语，其意思是白天和黑夜都不停地赶路。这个成语常用来形容人赶着做某事或军队急行军。

【“昼”字的演变过程】

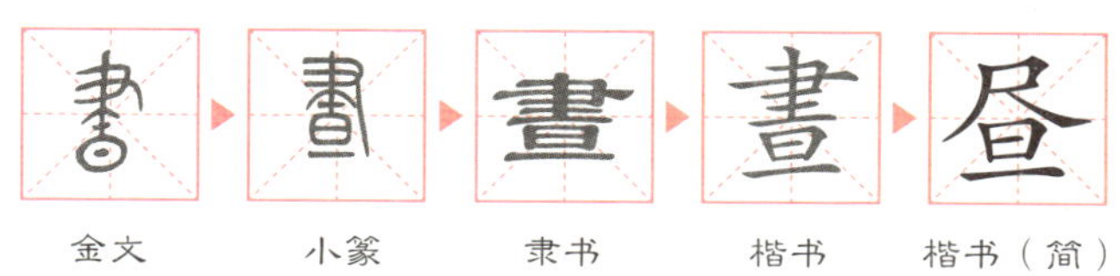

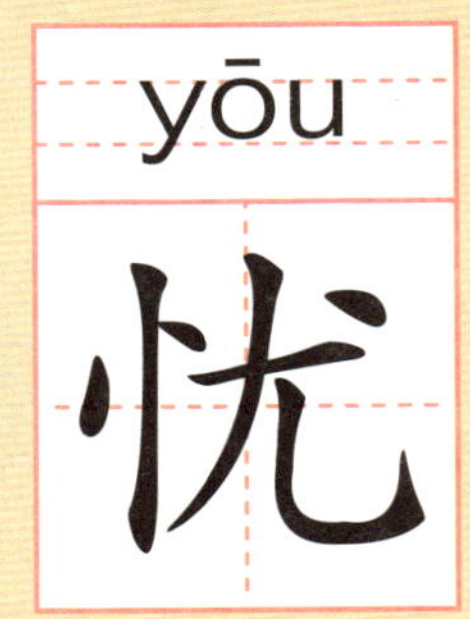

“忧”字是一个会意字，意思是“忧愁”。在金文中，“忧”字（[古文字]）就像一个面朝左站立的人（[古文字]），用手（[古文字]）在搔着头（[古文字]），一副很烦恼的模样。在小篆中，“忧”字有了很大的变化，写成了“[古文字]”，“[古文字]”指的是人的头，“[古文字]”指的是人的心，这个字表示心中有了忧愁，那么就一定会在脸上反映出来。

【字里字外】

传说杞国有个人总是害怕天会突然塌下来，为此他总是过得很不安，愁得吃不下饭、睡不好觉。后来人们便用“杞人忧天”来比喻不必要的或缺乏根据的忧虑。

【“忧”字的演变过程】

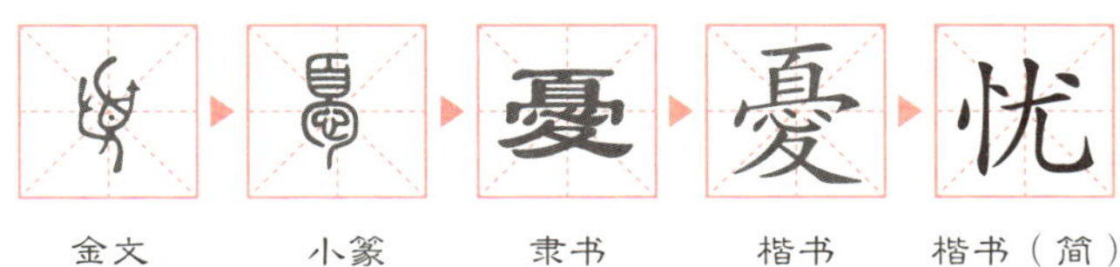

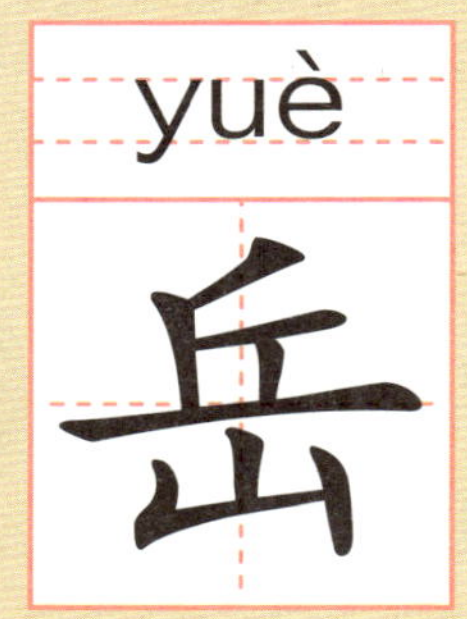

“岳”指的是高大的山，这可以从“岳”字的甲骨文（）看出来，它由三部分组成，下面是一座山（），上面也是一座山（），中间的“”是小山峦，连接着上下两座大山，就像上下多层山岳连绵起伏的样子。到了小篆的时候，“”由“山”和“狱”构成，“山”表示字义，“狱”表示读音。

【字里字外】

我国有五大名山，被称为“五岳”，它们是：东岳泰山、西岳华山、南岳衡山、北岳恒山、中岳嵩山。古人曾以“恒山如行，泰山如坐，华山如立，嵩山如卧，衡山如飞”来形容五岳的特色。

【“岳”字的演变过程】

“争”在甲骨文中写作“[illegible]”，表示一只手（[illegible]）和另一只手（[illegible]）在争抢一件物品（[illegible]），把“争夺”的意思表达得淋漓尽致。在金文里，争夺的东西变成了“[illegible]”。到小篆时又变成了两只手（[illegible]）在争夺一根弯曲的“木棍”。争夺的东西各不相同，但表示的意思却没有改变过，都表示“争夺”的意思。

【字里字外】

春秋战国时期，社会上的思想流派非常多，这些思想流派纷纷著书立说，展开论战，史称“百家争鸣”。后来，人们也用“百家争鸣”来比喻各种学派可以自由争论。

【“争”字的演变过程】

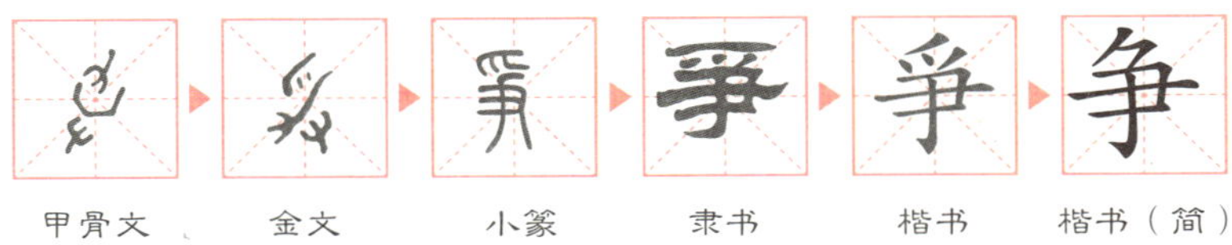

现在的“旨”字主要是“意义”“意旨”的意思，如“宗旨”“圣旨”等，但它的本义其实是“味美”。在甲骨文中，“旨”字（ ）上面的“ ”是一个面朝右的人，下面的“ ”是“口”，指人用口来品尝美味。在小篆中，“旨”字下面的“口”变成了“ ”（甘），而“甘”表示“甜美”，所以，“旨”字“味美”的意思就更加明显了。

【字里字外】

“圣旨”是古代皇帝下的命令或发表的言论。为了防止有人假冒，写圣旨的绢布上印满了祥云图案，就像现在的防伪水印一样。

【“旨”字的演变过程】

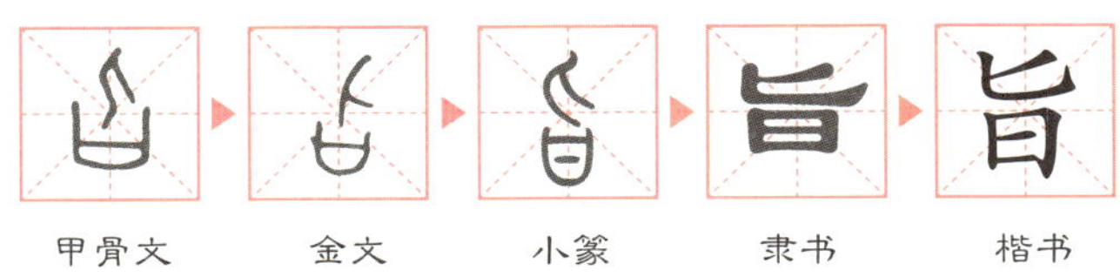

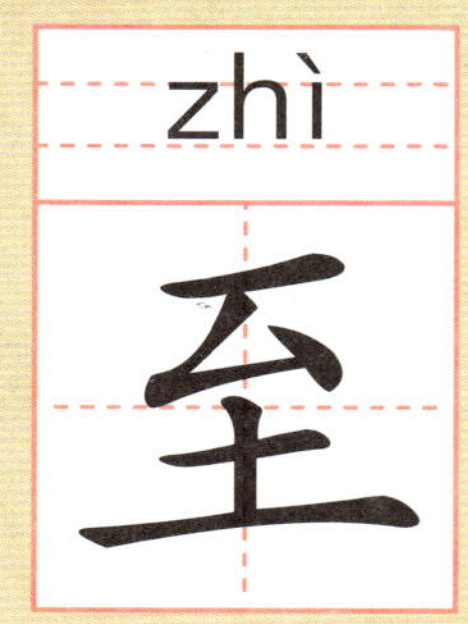

成语“宾至如归”的意思是：客人到了主人的家里，就像回到了自己的家里一样自在。这里的“至”指的是“到达”，也就是“至”最初的含义。在甲骨文中，“至”写作“”，上面的“”表示一支利箭，下面的一横(一)则是表示地面，利箭（）射到了地上（一），表示“到达”的意思。

【字里字外】

“至”字在后来被引申为“最”的意思。比如，最亲近的亲戚称为“至亲”；友谊最深的朋友称为“至交”；极为诚恳、诚心诚意称为“至诚”；地位至高无上的人称为“至尊”。

【“至”字的演变过程】

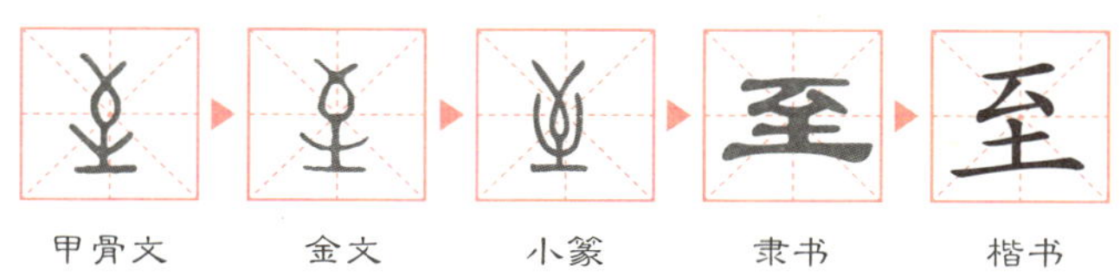

“及”字是一个会意字。甲骨文“及”字（[illegible]）左上方是一个面朝左、弯着腰的人（[illegible]），右下方是一只手（[illegible]），合起来表示一只手抓住了一个人。在金文中，“及”字（[illegible]）的意思表现得更加明显，背后的一只手（[illegible]）牢牢地抓住了人的腿。后面这只手能捉住前面人的腿，表示后面的人追上了前面的人，因此“及”字的本义就是“追上”“赶上”。

【字里字外】

“及时雨”是指在庄稼正需要水时下的雨，也比喻在紧急关头解救危难的人或事物。在《水浒传》中，宋江的外号就是“及时雨”，因为他总是在别人需要帮助时出现。

【“及”字的演变过程】

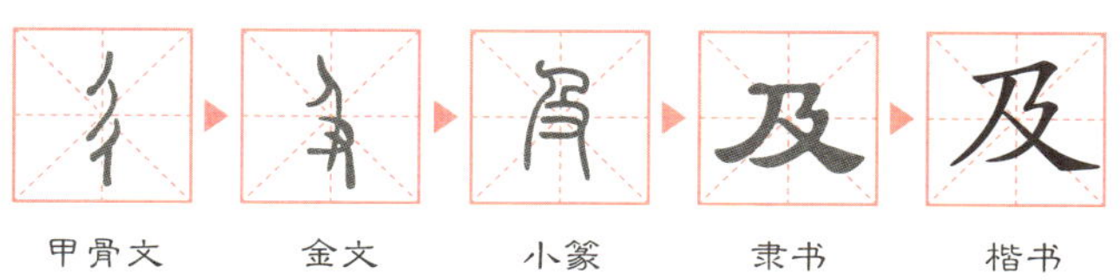

“半”字的金文写作“半”，上面的“八”在古代为“分”的意思，下面的“牛”是指“牛”。“八”和“牛”合而为“半”，意思是把牛从中分成两边，每边叫作“一半”。在“半”字本义的基础上，后来又引申出“在……中间”“不完全的”的意思，如“半空”“半夜”“半透明”“半自动”等。

【字里字外】

现在的一斤等于十两，但是古代却不是这样，那时候一斤等于十六两，半斤就相当于八两。所以，人们用“半斤八两”这个成语来比喻两者不相上下，彼此一样。

【“半”字的演变过程】

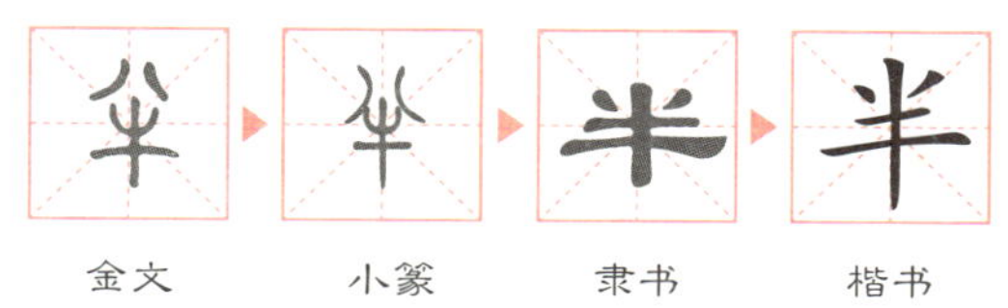

中国文字的发展与演变

你知道中国最古老的文字是什么吗？

目前所知道的中国最早的有系统的文字是古人刻在龟甲和兽骨上的文字，叫作甲骨文。

为什么古人要在龟甲和兽骨上刻字呢？这是因为古人敬畏自然和神灵，认为天地神灵有神秘不可知的力量，所以要先问过这些神灵的旨意，才能安心做事。

古人怎样问神灵呢？其实就是采用占卜的方式。但这个过程有点儿复杂：先要把龟甲兽骨洗干净，切成适当大小，再磨平、磨光，然后在背面凿出一条条的小沟槽，沟槽旁再钻一个个小小的圆穴，沟槽与小圆穴都凿得很薄，不能穿透。这些处理好的龟甲兽骨先交由掌管占卜的人保存。等到挑了良辰吉日要开始占卜时，就把这些甲骨拿出来，用火去烧小圆穴，甲骨便会有很多裂纹出现，这些裂纹就叫作“卜兆”。然后古人就会根据裂纹的形态来判断吉凶祸福，并把要卜问的事刻在甲骨上，这就是甲骨文。

甲骨文一直到清朝末年才被人们发现，那时还被中药铺拿去当成药材使用呢！这种药材的名字就叫“龙骨”。

文字演变到商周时期，就成了金文。

金文就是刻在铜器上的文字，因为古人把“铜”称作“金”，所以这些文字被称为“金文”。又因为用铜铸成的钟、鼎等礼器受到人们的重视，所以这一类文字也称“钟鼎文”。

甲骨文的特点是笔道细、直笔多、转折的地方多是方形；而金文有所不同，金文的笔道又肥又粗，而且弯笔比较多。

到了春秋战国时期，因为诸侯国想要称王，问鼎中原，所以连年征战，文字的传播也受到阻碍，各个小国的文字形体演变都不相同。

一直到秦始皇统一中国，他才接受丞相李斯统一文字的建议，把秦

国原来使用的“大篆”稍加改变，让文字的结构和笔画更加稳定，然后向全国推行这套文字，这就是“小篆”。因为“小篆”发源于秦国，所以又被后人称为“秦篆”。

小篆流行到西汉末年就逐渐被隶书所取代了。但由于小篆字体优美，一直被书法家们所青睐。又因为小篆的笔画复杂，形式奇古，所以在印章刻制上，尤其是需要防伪的官方印章，一直采用篆书。

“隶书”就是由小篆简化演变过来的，因为秦朝的官员公务繁忙，要抄写的案卷太多，就把小篆圆润的笔画改成方折的笔画，这样的改变能加快书写速度，而改变之后的字体也保留下来，变成了“隶书”。

汉字演变到隶书，加快了书写速度，但造字原则也被严重破坏，很多字因此看不出原本造字的原理了。

但是，隶书的字体扁平、工整、精巧，尤其发展到东汉时期，撇、捺等笔画向上挑起，具有书法艺术美。因此，隶书的出现是汉字的一次大改革，使中国的书法艺术进入了一个新的境界，奠定了楷书的基础。

隶书流行不久后，“楷书”出现了。楷书的“楷”字，就是楷模、模范的意思。因为它的字体方正、笔画平直，可以当作楷模，所以也被称为“真书”“正书”。

到目前为止，楷书仍然是标准字体，也是人们常见的字体。

至于草书和行书，则是为了方便书写而演变出来的字体。“草书”就是指草写的隶书，形成于汉代。“行书”则介于楷书和草书之间，不像楷书那样端正，也不像草书那样潦草，是日常使用的一种字体。

了解了中国文字的演变过程，对于我们现在所使用的汉字，你有没有觉得更亲切呢？它们可是我们的祖先从很早很早以前传承下来，留给我们的无价之宝！

◎中国文字的演变过程：

甲骨文 → **金文**（钟鼎文） → **篆书** → **隶书** → **楷书、草书、行书**

图书在版编目（CIP）数据

有故事的汉字：当当订制版. 第二辑 / 苏真编著. —青岛：青岛出版社，2016.7

ISBN 978-7-5552-1420-5

Ⅰ. ①有… Ⅱ. ①苏… Ⅲ. ①汉字—儿童读物 Ⅳ. ①H12-49

中国版本图书馆CIP数据核字(2016)第162803号

书　　名　有故事的汉字（第二辑）·叁

编　　著　苏　真

出版发行　青岛出版社

社　　址　青岛市海尔路182号（266061）

本社网址　http：//www.qdpub.com

邮购电话　13335059110　0532-68068026

策划组稿　刘克东

选题优化　谢　蔚

责任编辑　刘克东

封面设计　咸青华

绘　　画　银河动漫创作工作室

插图优化　阅优文化

装帧设计　通感工坊

制　　版　青岛乐喜力科技发展有限公司

印　　刷　青岛炜瑞印务有限公司

出版日期　2016年8月第1版　2018年1月第4次印刷

开　　本　32开（890mm×1240mm）

印　　张　12.75

字　　数　300千

书　　号　ISBN 978-7-5552-1420-5

定　　价　60.00元（全3册）

编校印装质量、盗版监督服务电话：4006532017　0532-68068638

本书建议陈列类别：儿童读物